CB062446

O MENINO DA LISTA DE SCHINDLER

Leon Leyson com Marilyn J. Harran
e Elisabeth B. Leyson

O MENINO DA LISTA DE SCHINDLER

A história do menino mais jovem
salvo por Oskar Schindler,
intensa e real como *O diário de Anne Frank*

Tradução
Pedro Sette-Câmara

ROCCO

Título original
THE BOY ON THE WOODEN BOX
How the Impossible Became Possible... on Schindler's List

Copyright do texto © 2013 by Espólio de Leon Leyson
Copyright fotos abertura de capítulos © 2013 by Jamie Heiden
Copyright mapa © 2013 by Drew Willis
Fotos das páginas 229 – topo e 233 – parte inferior
à esquerda by Adrienne Helitzer, cortesia de Schindler's Legacy;
235 – centro by Janine Hill, cortesia de Chapman University;
235 – topo, cortesia de Nancy Chase.
Todas as outras fotos são cortesia de Elisabeth B. Leyson.
Todos os esforços foram feitos para reconhecer corretamente, agradecer e contatar as fontes e/ou detentores dos direitos autorais de cada imagem. Simon & Schuster, editor original desta obra, pede desculpas por quaisquer omissões ou erros involuntários ocorridos, que serão corrigidos numa futura edição desta obra.

Este é um livro de memórias. Os fatos aqui relatados refletem as lembranças do autor de sua experiência ao longo de determinado período de anos.

Copyright da edição brasileira © 2014 by Editora Rocco Ltda.

Edição brasileira publicada mediante acordo com Atheneum Books for Young Readers, um selo da Simon & Schuster Children's Publishing Division.
Todos os direitos reservados.
Nenhuma parte desta obra pode ser reproduzida no todo ou em parte sob qualquer forma sem a autorização, por escrito, do editor.

Direitos para a língua portuguesa reservados com exclusividade para o Brasil à
EDITORA ROCCO LTDA.
Rua Evaristo da Veiga, 65 – 11º andar
Passeio Corporate – Torre 1
20031-040 – Rio de Janeiro – RJ
Tel.: (21) 3525-2000 – Fax: (21) 3525-2001
rocco@rocco.com.br | www.rocco.com.br

Printed in Brazil/Impresso no Brasil
Preparação de originais: MARIANA MOURA e RÔMULO COELHO

CIP-BRASIL. CATALOGAÇÃO NA PUBLICAÇÃO
SINDICATO NACIONAL DOS EDITORES DE LIVROS, RJ

L656m

Leyson, Leon, 1929-2013
   O menino na lista de Schindler : a história do menino mais jovem salvo por Oskar Schindler, intensa e real como o diário de Anne Frank / Leon Leyson, Marilyn J. Harran, Elisabeth B. Leyson ; tradução Pedro Sette-Câmara.. - 1. ed. - Rio de Janeiro : Rocco, 2024.

   Tradução de: The boy on the wooden box : how the impossible became possible... on Schindler's list
   ISBN 978-65-5532-423-5
   ISBN 978-85-8122-493-0 (recurso eletrônico)

   1. Leyson, Leon, 1929-2013. 2. Schindler, Oskar, 1908-1974. 3. Plaszow (Campo de concentração). 4. Judeus - Polônia - Biografia. 5. Crianças judias no holocausto - Polônia - Biografia. 6. Holocausto judeu (1939-1945) - Polônia - Narrativas pessoais. 7. Guerra Mundial, 1939-1945 - Judeus - Salvamento. 8. Prisioneiros de campo de concentração - Polônia - Biografia. I. Harran, Marilyn J. II. Leyson, Elisabeth B. III. Sette-Câmara, Pedro. IV. Título.

24-88568

CDD: 940.5318
CDU: 94(100)'1939/1945'

Meri Gleice Rodrigues de Souza - Bibliotecária - CRB-7/6439

O texto deste livro obedece às normas do Acordo Ortográfico da Língua Portuguesa.

Impressão e Acabamento: EDITORA JPA LTDA.

Para meus irmãos, Tsalig e Hershel,

e para todos os filhos, irmãos, pais e avós

que pereceram no Holocausto.

E para

Oskar Schindler, cujas nobres ações

realmente salvaram "um mundo inteiro".

— Leon Leyson

SUÉCIA

DINAMARCA

Bremerhaven

Berlim

ALEMANHA

Wetzlar

Gross-Rosen

Praga

Brünnlitz

1938
POLÔNIA
Fronteiras antes da guerra

Salzburgo
ÁUSTRIA

LETÔNIA

LITUÂNIA

báltico

PRÚSSIA
ORIENTAL

URRS

Varsóvia • Narewka

POLÔNIA

Auschwitz
Cracóvia
Ptaszów

TCHECOSLOVÁQUIA

HUNGRIA ROMÊNIA

--- Rota de Leon Leyson

PRÓLOGO

TENHO QUE ADMITIR: MINHAS MÃOS SUAvam e meu estômago revirava. Eu estava esperando na fila com toda a paciência, mas isso não significava que eu não estivesse nervoso. Era minha vez de apertar a mão do homem que tinha salvado minha vida várias vezes... mas isso acontecera muitos anos atrás. Agora eu me perguntava se ele me reconheceria.

Mais cedo, naquele dia de outono de 1965, a caminho do aeroporto de Los Angeles, eu disse a mim mesmo que o homem com quem iria me encontrar talvez não se lembrasse de mim. Duas décadas já haviam se passado desde que tínhamos nos visto pela última vez, e esse encontro acontecera em outro continente e em circunstâncias muitíssimo diversas. Eu era um menino esquelético e faminto de quinze anos que parecia ter dez. Agora eu era um adulto de trinta e cinco anos. Casado, cidadão americano, veterano do exército e professor. Enquanto os outros seguiam adiante para cumprimentar nosso convidado, fiquei atrás, no fundo. Afinal, eu era o mais jovem do grupo, e era justo que os mais velhos fossem na minha frente. Para ser sincero, eu queria adiar ao máximo a decepção que porventura teria caso o homem com quem eu tinha uma dívida tão grande não se lembrasse de mim.

Contudo, em vez de desapontado, senti-me radiante, aquecido por seu sorriso e suas palavras: "Eu sei quem é você!", que ele proferiu com os olhos brilhantes, apertando com firmeza a mão que eu lhe estendia. "Você é o 'pequeno Leyson'."

Eu deveria saber que Oskar Schindler jamais me decepcionaria.

No dia em que nos reencontramos, o mundo ainda não sabia quem era Oskar Schindler, nem de suas façanhas heroicas durante a Segunda Guerra Mundial. Mas nós que estávamos no aeroporto sabíamos. Todos nós, e mais de mil outros, devíamos nossas vidas a ele. Sobrevivemos ao Holocausto graças aos enormes riscos que Schindler assumiu, às propinas e aos tratos escusos que ele firmou para manter cada um de nós, seus operários judeus, a salvo das câmaras de gás de Auschwitz. Ele usou sua inteligência, seu coração, seu incrível jogo de cintura e sua fortuna para nos salvar. Despistou os nazistas dizendo que éramos essenciais para o esforço de guerra ainda que soubesse que muitos de nós, inclusive eu, não tínhamos qualquer aptidão para tanto. Na verdade, só subindo em cima de um caixote de madeira eu conseguia alcançar os controles da máquina que fui designado a operar. Aquele caixote me deu a chance de parecer útil, de permanecer vivo.

Sou um sobrevivente improvável do Holocausto. Tudo pesava contra mim e praticamente nada contava a meu favor. Eu era só um menino; não tinha contatos; não tinha habilidades. Tive a meu favor, entretanto, algo mais forte do que tudo: Oskar Schindler achou que a minha vida era importante. Achou que valia a pena me salvar, mesmo que isso colocasse a sua própria vida em risco. Agora é a minha vez de retribuir, falando sobre o Oskar Schindler que eu conheci. Desejo que ele se torne parte da sua memória, leitor, assim como sempre fui parte da dele. Esta é a história da minha vida e de como ela cruzou com a de Oskar Schindler. Ao longo do caminho, vou apresentar minha família. Eles também arriscaram suas vidas para salvar a minha. Mesmo nos piores momentos, meus familiares fizeram-me sentir que era amado e que minha vida importava. A meus olhos, eles são heróis também.

UM

CORRI DESCALÇO PELA CAMPINA ATÉ O RIO. Já entre as árvores, livrei-me das roupas, agarrei meu galho baixo favorito, balancei-me nele sobre o rio e soltei.

Um mergulho perfeito!

Flutuando na água, ouvi um *tchibum* e depois outro. Eram dois amigos que vinham juntar-se a mim. Logo saímos do rio e corremos de volta para nossos galhos favoritos a fim de recomeçar tudo de novo. Quando os lenhadores que trabalhavam rio acima ameaçavam estragar a nossa diversão — enviando suas árvores recém-cortadas pelo leito d'água até a serraria —, rapidamente nos adaptávamos, decidindo ficar deitados, cada qual num tronco, contemplando a luz do sol romper a copa dos carvalhos, abetos e pinheiros.

Não importava quantas vezes repetíssemos essa rotina, eu nunca me cansava. Às vezes, nos dias quentes de verão, ao menos vestíamos calções de banho se achássemos que havia algum adulto por perto. Porque normalmente não usávamos nada.

O que tornava essas escapadelas ainda mais eletrizantes era que minha mãe tinha me proibido de ir ao rio.

Afinal de contas, eu não sabia nadar.

No inverno, o rio também era muito divertido. Tsalig, meu irmão mais velho, me ajudava a fazer patins de gelo com os materiais mais improváveis, como restos de metal que pegávamos com nosso avô ferreiro e pedaços de madeira da pilha de lenha. Éramos inventivos na confecção de nossos patins. Eles podiam ser primitivos e desajeitados, mas funcionavam! Apesar de pequeno, eu era rápido e adorava apostar corrida com os garotos mais velhos no gelo acidentado. Uma vez David, outro dos meus irmãos, patinou sobre o gelo fino, que se rompeu, e ele caiu no rio congelante. Por sorte a água era rasa. Ajudei-o a sair e corremos para casa para trocar nossas roupas encharcadas e nos aquecer junto à lareira. Bastou ficarmos quentes e secos que saímos correndo até o rio para mais uma aventura.

A vida parecia uma viagem sem fim e livre de preocupações.

Por isso, nem mesmo o mais assustador dos contos de fadas poderia ter me preparado para as monstruosidades com as quais me depararia poucos anos mais tarde, para todas as vezes em que eu escaparia à morte por um triz ou para o herói disfarçado de monstro que salvaria a minha vida. Meus primeiros anos não me prepararam para o que estaria por vir.

O nome que recebi ao nascer foi Leib Lezjon, mas hoje sou conhecido como Leon Leyson. Nasci em Narewka, uma aldeia rural no nordeste da Polônia, perto de Bialystok, não muito longe da fronteira com a Bielorrússia. Meus antepassados viveram lá por várias gerações — por mais de duzentos anos, na verdade.

Meus pais eram pessoas honestas e trabalhadoras que nunca esperaram nada além do que tivessem conquistado. Chanah, minha mãe, era a mais nova de cinco filhos — três meninos e duas meninas. Sua irmã mais velha se chamava Shaina, que em iídiche significa "bonita". Minha tia era de fato bonita, mas não era o caso de minha mãe, e isso influenciou a forma como todos as tratavam, inclusive os próprios pais. Eles certamente amavam ambas as filhas, porém Shaina era considerada bonita demais para o trabalho braçal, o que não acontecia com minha mãe. Lembro-me de minha mãe dizer que tinha de levar baldes de água para os trabalhadores nos campos. Fazia calor e a água pesava. Contudo, a tarefa acabou trazendo sorte para ela — e para mim. Foi nesses campos que seu futuro marido notou-a pela primeira vez.

Ainda que meu pai tivesse iniciado a cortejá-la, o casamento deles teve de ser arranjado entre seus pais ou ao menos parecer que fora. Era esse o costume da época no leste europeu. Felizmente, as duas famílias ficaram contentes com a paixão entre seus filhos e logo houve o casamento. Minha mãe tinha, então, dezesseis anos, e meu pai, Moshe, dezoito.

Para minha mãe, a vida de casada era, em muitos aspectos, semelhante à vida que levara com os pais. Passava os dias entre tarefas domésticas, cozinhando e cuidando da família. Só que, em vez dos pais e dos irmãos, ela agora cuidava do marido e, logo depois, dos filhos.

Sendo o caçula de cinco irmãos, eu não passava muito tempo sozinho com minha mãe. Por isso, adorava quando meus irmãos estavam na escola e nossas vizinhas vinham nos visitar. Elas se sentavam em volta da lareira, tricotando ou fazendo travesseiros de pena de ganso. Eu ficava olhando as mulheres juntarem as penas e encherem as fronhas, sacudindo de leve para espalhá-las por igual. Era inevitável que algumas escapassem. Meu trabalho era recuperar as peninhas que deslizavam pelo ar como flocos de neve. Estendia as mãos para apanhá-las, mas elas se afastavam, flutuando. De vez em quando, eu tinha sorte e pegava várias, e as mulheres recompensavam meus esforços com risos e aplausos. Depenar gansos era um trabalho árduo, por isso cada pena era preciosa.

Eu gostava de ouvir minha mãe trocar histórias e, por vezes, um pouco das fofocas da aldeia com as amigas. Naqueles momentos, eu via um lado diferente dela, mais tranquilo e relaxado.

Por mais ocupada que minha mãe fosse, ela sempre tinha tempo para demonstrar seu amor. Cantava conosco e, é claro, zelava para que fizéssemos o dever de casa. Certa vez, eu estava sentado sozinho à mesa, estudando aritmética, quando ouvi um murmúrio atrás de mim. Estava tão concentrado nos estudos que não ouvi minha mãe entrar e começar a cozinhar. Uma surpresa, afinal não era hora da refeição. Então, ela me deu um prato de ovos mexidos feitos só para mim. "Você é um menino muito bom, merece uma comidinha especial", disse-me ela, afetuosa. Ainda sinto o orgulho que brotou em mim naquele instante. Eu tinha feito minha mãe feliz.

Meu pai sempre teve a determinação de prover uma vida boa para nós. Ele via nas fábricas um futuro melhor do que no trabalho como ferreiro, uma tradição da sua família. Pouco tempo após se casar, arrumou um emprego de aprendiz de mecânico numa pequena fábrica que produzia artesanalmente garrafas de vidro soprado de todos os tamanhos. Lá, meu pai aprendeu a fazer os moldes para as garrafas. Graças ao seu trabalho duro, à sua capacidade inata e à sua absoluta dedicação, foi várias vezes promovido. Uma vez o dono da fábrica selecionou meu pai para fazer um curso avançado de fabricação de ferramentas numa cidade próxima de Bialystok. Eu sabia que era uma grande oportunidade para ele, porque ele comprou um paletó novo especialmente para a ocasião. Comprar roupas novas não era um hábito comum em nossa família.

A fábrica de vidros cresceu, e o dono decidiu expandir o negócio, levando-o para a próspera Cracóvia, cidade a cerca de quinhentos e sessenta quilômetros a sudoeste de Narewka. Isso causou um enorme entusiasmo em nossa aldeia. À época, era raro um jovem — aliás, qualquer pessoa — deixar a cidade onde nascera. Meu pai foi um dos poucos empregados escolhidos para acompanhar a mudança na nova fase da fábrica. O plano era que ele fosse primeiro e, quando tivesse economizado dinheiro suficiente, nos levasse para Cracóvia. Foram necessários vários anos até ele poupar o bastante e encontrar um lugar adequado para morarmos. Durante esse período, ele voltava de seis em seis meses, mais ou menos, para nos ver.

Eu era muito novo para me lembrar exatamente de quando meu pai deixou Narewka pela primeira vez, mas me recordo bem de quando ele vinha passar alguns dias conosco. Quando ele chegava, a aldeia inteira ficava sabendo. Meu pai era um homem alto, bonito, que sempre teve grande orgulho de sua aparência. Gostava dos trajes mais formais usados pelos homens de Cracóvia e, aos poucos, comprou diversos ternos elegantes. Sempre que vinha nos visitar, usava um belo terno, camisa social e gravata. Aquilo causava impacto entre os aldeões, acostumados às roupas simples e folgadas dos camponeses. Mal sabia eu que os ternos do meu pai ajudariam a salvar nossas vidas nos terríveis anos que viriam.

As visitas do meu pai pareciam um feriado. Tudo era diferente quando ele estava em casa. Na maior parte dos dias, considerando tudo que minha mãe tinha de fazer para cuidar de mim e de meus quatro irmãos, as refeições eram bem informais. Isso mudava quando meu pai estava lá. Sentávamos à mesa com as travessas dispostas à nossa frente. Sempre havia alguns ovos a mais no café da manhã e um pouco mais de carne no jantar. Ficávamos encantados com suas histórias da vida na cidade, com o que ele contava sobre as comodidades modernas, como água encanada e bondes, coisas que mal conseguíamos imaginar. Hershel, Tsalig, David e eu, os quatro meninos, ficávamos comportadíssimos. Competíamos pela atenção do nosso pai; sabíamos, porém, que nossa irmã Pesza era sua favorita. Nenhuma surpresa, sendo ela a única menina em nossa família de garotos agitados. Toda vez que nós, crianças, nos desentendíamos, Pesza nunca era a culpada, ainda que talvez fosse. E, quando nós, meninos, implicávamos demais com ela, meu pai intervinha e nos repreendia. Pesza tinha um longo cabelo loiro, que minha mãe arrumava em tranças grossas. Era quieta, obediente e ajudava minha mãe em casa. Eu entendo por que meu pai a preferia.

Frequentemente, ele chegava da cidade grande com presentes para nós. As caixas de doce que trazia tinham fotos de alguns dos grandiosos prédios históricos e das avenidas arborizadas de Cracóvia. Eu costumava observá-las por muito tempo, tentando imaginar como seria viver num lugar tão fascinante.

Sendo o caçula, eu sempre ficava com o que ninguém usava mais: camisas, sapatos, calças e brinquedos. Numa visita, meu pai nos trouxe de presente maletas de brinquedo. Vi meus irmãos com as suas e pensei que, mais uma vez, teria de esperar herdar alguma deles. Eu não achava aquilo justo de jeito nenhum. No entanto, dessa vez, uma surpresa me aguardava: dentro de uma das maletinhas havia uma ainda menor, perfeita para mim. Fiquei tão feliz!

Embora suas visitas durassem apenas alguns dias, meu pai sempre dedicava um tempinho especial só para mim. Nada me deixava mais alegre do que andar com ele até a casa de seus pais enquanto seus amigos o cumprimentavam pelo caminho. Ele segurava minha mão, brincando com meus dedos. Era como um sinal secreto entre nós do quanto ele me amava.

Hershel era meu irmão mais velho. Depois vinha Betzalel, conhecido como Tsalig; minha irmã, Pesza; David; e eu. Para mim, Hershel era como o Sansão bíblico. Era grande, forte e impetuoso. Meus pais costumavam dizer que ele não dava um minuto de descanso. Quando adolescente, ficou revoltado e disse que não iria mais à escola, que queria fazer algo mais "útil". Naquela época, meu pai trabalhava em Cracóvia, por isso meus pais decidiram que Hershel deveria ficar lá com ele. Meus sentimentos em relação a isso eram contraditórios. Se por um lado eu fiquei triste por ver meu irmão mais velho ir embora, por outro, também foi um alívio. Ele era uma preocupação para minha mãe, e eu, mesmo sendo muito novo, sabia que era melhor para Hershel ficar com meu pai. Ele preferia a vida da cidade e raramente vinha nos visitar junto com meu pai.

Enquanto Hershel era durão e obstinado, meu irmão Tsalig era, sob muitos aspectos, seu oposto. Era meigo e gentil. Ainda que fosse seis anos mais velho do que eu e tivesse todos os motivos para agir de maneira superior a mim, que era o seu irmão pirralho, nunca o fez. Aliás, não me lembro de uma única vez em que ele tenha me tratado como a praga que eu provavelmente era. Ele até me deixava acompanhá-lo em seus passeios pela cidade. Por ser um mago da tecnologia, Tsalig era um super-herói para mim. Parecia que não havia nada que ele não conseguisse fazer. Certa vez, construiu um rádio usando cristais em vez de eletricidade para captar as transmissões de Varsóvia, de Bialystok e até de Cracóvia. Ele fez o aparelho inteiro, incluindo a caixa que abrigava o equipamento, e descobriu como armar uma antena para obter sinal. Parecia mágica quando eu colocava os fones de ouvido que Tsalig me dava e ouvia o famoso trompetista de Cracóvia anunciar o meio-dia com seu instrumento, a centenas de quilômetros de distância.

Contudo, meu irmão David, pouco mais de um ano mais velho do que eu, era meu companheiro mais próximo. Lembro-me dele me dizendo que embalava o meu berço quando eu era bebê para me fazer parar de chorar. Sempre estávamos juntos. Só que implicar comigo era um de seus passatempos favoritos. Ele sorria, todo satisfeito, quando conseguia me pregar uma peça. Às vezes, isso me deixava tão chateado que meus olhos se enchiam de lágrimas. Uma vez, durante o jantar, ele me disse que o macarrão era na verdade um monte de minhocas. Ele insistiu tanto naquilo, e de um jeito tão sério, que acabou me convencendo.

Eu engasguei, e David urrou de tanto rir. Não demorava muito para virarmos melhores amigos de novo... até que David encontrasse outra oportunidade para me atazanar.

Havia cerca de mil judeus em Narewka. Eu gostava muito de ir aos cultos na sinagoga com meus avós maternos, a quem eu era mais chegado. Adorava ouvir as preces ressoando pelo edifício. O rabino começava o culto numa voz forte e vibrante, que logo se fundia às vozes da congregação. Em intervalos de poucos minutos, sua voz se destacava de novo enquanto ele entoava um ou dois versos, indicando onde todos deveriam estar no livro de orações. No restante do tempo, cada fiel ficava por conta própria. E, embora cada um de nós estivesse em comunhão pessoal com Deus, era como se todos fôssemos um só. Para alguém de fora, aquilo talvez pudesse parecer estranho, mas para nós era muito bom. Por vezes, quando um polonês cristão queria descrever um acontecimento caótico, ele dizia: "Era igual a uma congregação judaica." Naqueles tempos de paz, tal comentário não tinha intenção hostil. Era apenas uma afirmação de como parecíamos estranhos aos olhos daqueles cujas práticas religiosas eram diferentes das nossas.

De modo geral, cristãos e judeus viviam em harmonia em Narewka. No entanto, aprendi desde cedo que não deveria abusar da sorte andando despreocupado pelas ruas durante a Semana Santa, que precede a Páscoa. Essa era a única época em que nossos vizinhos cristãos nos tratavam de maneira diferente, como se de repente nós, judeus, fôssemos seus inimigos. Até algumas crianças que brincavam comigo passavam a me agredir. Elas atiravam pedras em mim e me ofendiam com xingamentos cruéis que me magoavam, como "assassino de Cristo". Aquilo não fazia muito sentido para mim, já que eu sabia que Jesus tinha vivido muitos séculos antes, mas a minha identidade pessoal não contava muito diante da minha identidade de judeu. E, para aqueles que pareciam nos odiar, não importava a época em que um judeu vivia: judeu era judeu, e todo judeu era responsável pela morte de Jesus. Afora essa animosidade em apenas alguns dias do ano, judeus e gentios conviviam pacificamente em Narewka. Sempre havia exceções, é claro. A mulher que morava do outro lado da rua jogava pedras em mim e nos meus amigos judeus só por andarmos na calçada em frente à sua casa. Acho que ela pensava que a mera proximidade de um judeu trazia azar. Aprendi a atravessar a rua quando me aproximava da casa dela. Outros vizinhos, em contrapartida, eram bem mais amáveis. A família que morava na casa ao lado nos convidava todos os anos para ver sua árvore de Natal.

Narewka era um lugar bem idílico para se crescer na década de 1930. Do anoitecer de sexta ao pôr do sol de sábado, os judeus da aldeia observavam o Shabat. Eu adorava a quietude depois que as lojas e as empresas fechavam, uma folga bem-vinda da rotina semanal. Após os cultos na sinagoga, as pessoas se sentavam na varanda, conversavam e mascavam sementes de abóbora. Era comum me pedirem para cantar quando eu passava, uma vez que eu conhecia muitas canções e era admirado pela minha voz, distinção que perdi quando entrei na adolescência e ela mudou.

De setembro a maio, eu ia à escola pública de manhã e ao *heder*, a escola judaica, à tarde. Ali deveria aprender hebraico e estudar a Bíblia. Eu tinha uma vantagem sobre os meus colegas de turma, pois havia aprendido hebraico com meus irmãos, imitando-os enquanto faziam seus deveres de casa do *heder*, ainda que não entendesse o que eles estudavam. Meus pais me colocaram no *heder* quando eu tinha cinco anos.

O catolicismo romano era a religião dominante na Polônia, e a religião era parte importante da escola pública que eu frequentava. Quando meus colegas católicos faziam suas preces, nós, judeus, tínhamos de ficar de pé, em silêncio. Mais fácil de falar do que de fazer: éramos repreendidos com frequência por tentarmos trocar sussurros ou dar uma cotovelada de brincadeira, quando o que se esperava era que ficássemos feito estátuas. Qualquer mau comportamento era arriscado, porque nosso professor não pestanejava em contar tudo para nossos pais. Às vezes, minha mãe sabia que eu tinha criado problemas antes mesmo de eu chegar em casa à tarde! Ela nunca me batia, mas tinha seu jeito de demonstrar que não estava contente comigo. Eu não gostava daquela sensação. Por isso, na maior parte do tempo, tentava me comportar.

Certa vez, meu primo Yossel perguntou a seu professor se podia mudar seu nome para Józef, em homenagem a Józef Pilsudski, herói nacional da Polônia. O professor respondeu que não era permitido a um judeu ter um nome próprio polonês. Eu não entendia por que meu primo queria trocar seu nome iídiche — que corresponde a José — pela versão polonesa, mas a negativa do professor não me surpreendeu. Era assim a vida.

Fiz da casa do nosso vizinho, Lansman, o alfaiate, meu segundo lar. Eu ficava fascinado com a maneira como ele conseguia borrifar água de sua boca, em gotículas finas e regulares, para as roupas que passava. Adorava visitá-lo, à sua esposa e aos seus quatro filhos, todos habilidosos alfaiates. Eles cantavam enquanto trabalhavam e, à noite, ficavam juntos fazendo música, cantando e tocando instrumentos. Fiquei perplexo quando o filho mais novo, sionista, decidiu trocar sua casa pela distante Palestina. Por que ele iria querer ficar tão longe da família, parar de trabalhar e de tocar música com eles? Hoje, percebo que essa decisão salvou sua vida. A mãe, o pai e os irmãos morreram todos no Holocausto.

Narewka não dispunha da maior parte das coisas que hoje consideramos essenciais. As ruas eram feitas de pedras ou terra batida; a maioria dos edifícios era de madeira e só tinha um andar; as pessoas se deslocavam a pé, a cavalo ou de carroça. Ainda me lembro de quando o milagre da eletricidade chegou até nós em 1935. Eu estava então com seis anos. Todas as famílias tiveram de decidir se iriam ou não aderir à energia elétrica. Depois de muito debaterem, meus pais tomaram a ousada decisão de trazer a nova invenção para dentro do nosso lar. Um fio isolado levava a um bocal instalado no meio do nosso teto. Parecia incrível que, em vez de uma lamparina de querosene, agora tivéssemos uma única lâmpada suspensa que nos permitia ler à noite. Bastava puxar a corda para ligá-la e desligá-la. Eu subia numa cadeira e puxava a corda só para ver a luz aparecer e desaparecer como se fosse mágica. Era impressionante.

Apesar da maravilha da eletricidade, em muitos outros aspectos a vida em Narewka permanecia a mesma de séculos atrás. Não havia encanamento interno e, no inverno rigoroso, ir até a casinha onde fazíamos nossas necessidades era algo que eu havia aprendido a adiar o máximo possível. Nossa casa tinha um cômodo grande, que servia ao mesmo tempo de cozinha, sala de jantar e de estar, e um quarto. A privacidade, como a concebemos hoje, era algo que desconhecíamos. Havia uma cama, e todos nós a dividíamos: minha mãe, meus irmãos, minha irmã e eu.

Tirávamos água de um poço no jardim. Lançávamos um balde até ouvirmos um *tchibum*, e o puxávamos cheio logo depois. O desafio era não deixar cair água demais no percurso do poço até em casa. Era preciso fazer muitas viagens por dia, indo e vindo do poço incontáveis vezes para atender nossas necessidades. Eu também recolhia os ovos, empilhava a lenha cortada por Tsalig, secava os pratos que Pesza lavava e fazia pequenos serviços para minha mãe. Geralmente, era eu quem ia ao celeiro do vovô buscar um jarro de leite de vaca lá para casa.

Às margens da floresta de Bialowieza, nossa aldeia era composta por agricultores e ferreiros, açougueiros e alfaiates, professores e comerciantes. Éramos, tanto os judeus quanto os cristãos, gente do campo, rude, trabalhadora, cujas vidas giravam em torno da família, de nossos calendários religiosos e das épocas do plantio e da colheita.

Quem era judeu falava iídiche em casa, polonês em público e hebraico na escola religiosa ou na sinagoga. Aprendi também um pouco de alemão com meus pais. Mais tarde, saber essa língua mostrou-se mais útil para nós do que jamais poderíamos imaginar.

Como a lei polonesa proibia aos judeus possuir terras, o que já acontecia havia séculos na Europa, meu avô materno, Jacob Meyer, alugava sua fazenda da Igreja Ortodoxa Oriental. Ele enfrentava longas horas de trabalho braçal para sustentar a família. Lavrava os campos, tirava as batatas da terra com uma pá, cortava o feno com uma foice. Eu me sentia grandioso andando em cima de sua carroça quando ela estava coberta de fardos de feno ao fim da colheita. Quando meu pai estava em Cracóvia, minha mãe precisou recorrer cada vez mais à ajuda dos pais. Meu avô vinha com frequência à nossa casa com batatas, beterrabas e outros produtos de sua horta para garantir que a filha e os netos não passassem fome. Contudo, mesmo com a ajuda dos pais, minha mãe estava sempre ocupada, pois ela era basicamente mãe solteira criando uma penca de filhos. Só alimentar-nos, lavar nossas roupas e cuidar para que tivéssemos material escolar dava um trabalho imenso. Nunca sobrava tempo algum só para ela.

Em Narewka, todos conheciam seus vizinhos e sabiam o que cada um fazia para ganhar a vida. Os homens eram identificados pela ocupação, e não pelo sobrenome. Meu avô paterno era conhecido como Jacob, o ferreiro, e nosso vizinho era Lansman, o alfaiate. As mulheres eram identificadas pelo nome do marido, como "a esposa de Jacob", e a maneira como as crianças eram chamadas dependia de quem eram seus pais ou avós. As pessoas não pensavam em mim como Leib Lejzon, nem sequer pensavam em mim como filho de Moshe e Chanah, mas se referiam a mim como *eynikl* de Jacob Meyer — o neto de

Jacob Meyer. Esse simples fato já diz muito a respeito do mundo em que cresci. Era uma sociedade patriarcal, em que a idade era respeitada e até reverenciada, sobretudo quando significava, como no caso do meu avô materno, uma vida inteira de trabalho duro, de dedicação à família e de devoção religiosa. Eu sempre sentia certo orgulho e me achava mais especial quando as pessoas falavam de mim como o *eynikl* de Jacob Meyer.

Toda noite de sexta e manhã de sábado, nas celebrações do Shabat na sinagoga, eu ficava ao lado do meu avô, baixando a cabeça quando ele baixava a dele e imitando-o nas preces. Ainda me lembro de olhar para ele e pensar como era alto e forte, qual uma árvore gigante me protegendo. Sempre passávamos o Pessach, a Páscoa judaica, na casa dos meus avós maternos. Por ser o neto mais novo, eu tinha a desesperadora honra de fazer as quatro perguntas tradicionais do culto da festa. Enquanto eu recitava as perguntas em hebraico, esforçando-me para não cometer erro algum, conseguia sentir os olhos do meu avô pousados em mim, incentivando-me a desempenhar bem o meu papel. Quando eu terminava, dava um suspiro de alívio, sabendo que tinha atendido às suas expectativas. Sentia-me um menino de sorte por ser neto dele e sempre procurei merecer sua aprovação e ser digno de seu afeto. Eu gostava especialmente de passar a noite sozinho com meus avós. Dormia com eles na cama, feliz por não ter de dividi-la com meus irmãos, como acontecia em casa. Eu adorava ser o centro das atenções dos meus avós!

Protegido pelo amor e pelo apoio da minha família, eu pouco sabia das perseguições que os judeus já tinham sofrido em Narewka e em outras cidades ao longo dos séculos, ora pelas mãos de um governante, ora pelas de outro. Meus pais haviam passado por ataques, chamados *pogroms*, no início dos anos 1900. Depois deles, muitos judeus de Narewka foram para a América, dentre os quais Morris e Karl, irmãos de minha mãe. Mesmo sem saber nada de inglês, eles achavam que um futuro melhor era possível nos Estados Unidos. Poucos anos depois Shaina, a irmã bonita, também foi para lá em busca de uma nova vida.

Meus pais já tinham vivenciado uma guerra — a Grande Guerra de 1914 a 1918. Antes de 1939, ninguém pensava nela como a Primeira Guerra Mundial, nem poderia fazer ideia de que apenas vinte anos depois o mundo irromperia em conflito outra vez. Durante a Grande Guerra, os soldados alemães que ocuparam a Polônia costumavam ter consideração pelos poloneses, a despeito de sua fé. Ao mesmo tempo, em Narewka e em várias outras localidades da Polônia os homens foram recrutados para trabalhos forçados. Meu pai trabalhou para os alemães na ferrovia que servia ao transporte de madeira e de outros suprimentos da nossa região até a Alemanha. Em 1918, quando os alemães foram derrotados, as tropas de ocupação se retiraram e voltaram para sua terra natal.

Em retrospecto, meus pais e muitos outros cometeram um erro terrível ao supor que os alemães que foram para Narewka na Segunda Guerra Mundial seriam como os que tinham ido na Primeira. Achavam que os soldados seriam pessoas como eles mesmos, homens cumprindo o dever militar, ansiosos para retornar para suas esposas e filhos, e agradecidos por qualquer hospitalidade e gentileza. Da mesma maneira como as pessoas me comparavam a meu avô e tinham certas expectativas em relação a mim por causa de quem ele era, nós comparávamos os alemães que entraram na Polônia em 1939 com os que vieram antes deles. Logicamente, não havia razão para pensarmos diferente. Afinal, no que mais podemos acreditar, senão em nossa própria experiência?

Quando penso no lugar onde cresci, na aldeia que me deu tantas lembranças preciosas, lembro-me de uma canção iídiche que costumávamos cantar com nosso vizinho Lansman e seus filhos. Chama-se "Oyfn Pripetchik" – "No fogão". Com uma melodia triste, ela fala de um rabino que ensina o alfabeto hebraico a seus jovens alunos, exatamente como eu aprendia no *heder*. A canção termina com as funestas palavras de aviso do rabino:

Quando crescerem, crianças,
Vocês entenderão
Quantas lágrimas há nessas letras
E quanta lamentação.

Nas noites em que eu cantava a música com a família Lansman, esse trecho parecia falar de uma história antiga. Nunca teria me ocorrido que pudesse ser uma previsão do futuro iminente e aterrador que me esperava.

DOIS

É DIFÍCIL IMAGINAR UM MUNDO SEM aviões nem carros, um mundo em que as pessoas passam a maior parte da vida na mesma região e raramente viajam mais do que alguns quilômetros da sua cidade, um mundo sem internet e até sem telefone. Por um lado, prezo as lembranças do pequeno mundo em que passei os primeiros anos da minha infância. Um mundo definido pelo amor e pelo carinho da família. O ritmo previsível da vida tornava os raros momentos de surpresa lembranças mais que especiais. Quando penso naquela maneira de viver, hoje tão distante, sinto saudades, sobretudo de meus avós, tios e primos.

As histórias de meu pai criaram em mim uma imagem deslumbrante da cidade de Cracóvia, a quinhentos e sessenta quilômetros e anos-luz de distância da vida que eu conhecia em Narewka. Deve ter sido difícil para ele ficar longe de nós por tantos meses e ainda ter consciência de todas as responsabilidades que deixava para minha mãe. Mas ela entendia que meu pai trabalhava para nos dar uma vida melhor, e tínhamos de ter paciência enquanto ele poupava dinheiro para que pudéssemos morar juntos novamente. Enfim, na primavera de 1938, após cinco anos de trabalho duro e de economias, ele nos chamou. Fiquei eletrizado. Como todo menino de oito anos, eu adorava aventuras. Sabia que a cidade grande teria muitas delas, e a ideia de estar com meu pai parecia a melhor coisa do mundo para mim. Desde que eu tinha três anos ele passava a maior parte do tempo longe! Foi assim, com empolgação e sem o menor receio, que me despedi de meus avós, tios e primos, pronto para começar uma vida nova. Eu imaginava que todos os meus parentes e amigos estariam me esperando quando voltasse. Sem olhar para trás, embarquei em minha primeira viagem de trem, junto com minha mãe, meus irmãos e minha irmã.

    Eu nunca tinha ido além dos arredores da minha aldeia, muito menos estivera num trem. Tudo na viagem me impressionava: os sons, a velocidade, a paisagem correndo diante dos meus olhos. Eu estava pronto – ou ao menos achava que sim – para o que quer que viesse.

Não lembro ao certo quanto tempo durou a viagem, só sei que foi longa, que demorou ao menos algumas horas. Lembro que cada momento era fascinante. O mundo parecia enorme, e viajamos apenas algumas centenas de quilômetros. Quando escureceu, achei que, se não colasse os olhos na janela, corria o risco de perder alguma coisa. Já eram bem mais de onze da noite quando nosso trem chegou à estação de Cracóvia. Papai estava lá esperando, e corremos para seus braços. Empilhamos nossas bagagens na charrete e nos aglomeramos em volta do cocheiro. Era espantoso que, mesmo tão tarde, tão depois da hora em que eu costumava ir dormir, ainda houvesse bondes e pedestres por toda parte.

– Estamos quase lá – tranquilizou-nos meu pai quando cruzamos o Vístula, rio que serpenteia pela cidade. Enquanto o cavalo trotava pelas ruas de pedras de Cracóvia, acabei cedendo ao sono. Já tinha absorvido tudo o que podia num dia só.

Minutos depois chegamos ao nosso destino. Nossa nova casa era num prédio de apartamentos em Przemyslowa, na rua 13, ao sul do rio. O edifício abrigava empregados da fábrica de vidros em que meu pai trabalhava. Nosso apartamento ficava no térreo. Assim como nossa casa em Narewka, ele só tinha dois cômodos, um quarto e uma sala, que, no entanto, era muito mais ampla do que a da nossa antiga casa. O que me deixava mais empolgado era o encanamento interno. Antes de desabarmos na cama, meu pai nos conduziu pelo corredor para nos mostrar o banheiro que dividiríamos com mais três famílias. Ele puxou uma corrente atrás da privada, e observei, de olhos arregalados, a água descer e a bacia encher de novo. Até aquele momento eu achava que a lâmpada era a melhor coisa do mundo; mas, agora que eu percebia que nunca mais teria de ir até a casinha no meio da madrugada, passei a achar que a lâmpada e a eletricidade vinham depois da privada e do encanamento interno. Quando puxei a corrente e vi a água escorrer pelas laterais da privada, achei que aquilo era a invenção mais extraordinária que poderia existir. O dia foi cheio de coisas incríveis.

Na manhã seguinte, David e eu saímos para explorar o novo ambiente. Pouco a pouco nos aventuramos cada vez mais longe do prédio, primeiro descendo a rua, depois dando a volta no quarteirão e finalmente chegando ao rio, onde a ponte Powstancow Slaskich ligava nossa região às principais atrações de Cracóvia: o bairro judeu tradicional de Kazimierz; o distrito histórico da Cidade Velha; e o Castelo Wawel, o palácio real dos reis e rainhas que governavam quando Cracóvia era a capital da Polônia medieval. Logo me senti seguro o bastante para me arriscar a fazer explorações sozinho. Todas aquelas cenas que eu tinha admirado nas caixas de doces trazidas pelo meu pai quando morávamos em Narewka eram ainda mais impressionantes na realidade. Eu sentia uma atração particular pelos grandes parques e prédios históricos de Cracóvia, como a Velha Sinagoga, que remontava ao século XV, e a Basílica de Santa Maria, uma igreja gótica majestosa do século XIII erguida sobre a Praça do Mercado Principal. Era naquela igreja que, todos os dias, às doze horas, tocava o trompetista que eu ouvia no rádio de Tsalig.

Cada dia trazia uma nova aventura, e eu mal podia esperar para descobrir o que ia encontrar na próxima esquina. De vez em quando eu colocava a mão num prédio só para ter certeza de que não estava sonhando. A agitação das ruas dava a impressão de que todo mundo tinha alguma coisa importante para fazer. Às vezes, eu tentava acompanhar pernas muito mais longas do que as minhas só para ver aonde elas iam. Era divertido observar todos os tipos diferentes de sapatos que as pessoas usavam e, em seguida, conferir a cara de quem os calçava. Havia dias em que eu parava para olhar a vitrine de uma loja de departamentos cheia de luxuosas mercadorias, de roupas e joias a eletrodomésticos. Eu nunca tinha visto nada parecido. Era como o cenário de um filme ou um parque de diversões — ainda que naquela época eu não fizesse ideia de que essas coisas existiam.

Nosso apartamento ficava num bairro operário a apenas alguns quarteirões da fábrica onde meu pai trabalhava, na rua Lipowa. Havia muitos garotos da minha idade por lá. Certas vezes eles zombavam de mim por estar sempre boquiaberto diante daquilo que para eles era normal. Eles adoravam ser os garotos sofisticados da cidade que podiam explicar como eram as coisas para o menino ingênuo do interior. De vez em quando, porém, eles paravam comigo para olhar qual das maravilhas tinha capturado minha atenção.

Não demorou para que eu fizesse alguns grandes amigos. Adorávamos inventar brincadeiras. Uma das nossas favoritas era andar nos bondes que atravessavam a cidade. Como meus novos amigos e eu nunca tínhamos dinheiro, planejamos algo que, para nós, era um jeito extraordinariamente esperto de andar de graça. Entrávamos no bonde no lado oposto ao do condutor. Conforme ele vinha em nossa direção, recebendo os pagamentos das passagens e marcando os bilhetes, traçávamos nossa fuga. Saltávamos logo antes de ele nos alcançar e corríamos para o outro lado do bonde a fim de repetir nossa aventura, pelo menos durante algumas paradas, até que o condutor percebesse o esquema. Nunca me cansava desse truque.

O fato de eu ser judeu, e eles não, parecia não importar para meus novos amigos. Tudo o que importava era que eu compartilhava suas travessuras e ousadias.

Cracóvia não era apenas uma cidade histórica, mas também um centro cultural brilhante e cosmopolita, cheio de teatros e cafés, uma casa de ópera e boates. A modesta renda de meu pai não nos permitia nenhum desses entretenimentos. O mais próximo que cheguei da vida noturna de Cracóvia foi quando entreguei os bilhetes de amor trocados por um homem num cabaré e uma mulher que morava no apartamento ao lado do nosso. A vizinha me dava o dinheiro da passagem, porém, em vez de ir de bonde, eu percorria a distância, que era curta, a pé. Quando chegava ao cabaré, entregava o bilhete ao porteiro. Enquanto esperava a resposta, dava uma espiada lá dentro, louco para ver o que levava as pessoas ali noite após noite. Nunca consegui ver muita coisa, ainda que tenha ouvido música polonesa bem animada. Depois de algum tempo eu voltava para casa, dando o valor da passagem para minha mãe, já que, mesmo antes da guerra, o dinheiro em casa era escasso.

Meu pai estava contente por ter a família por perto. Com satisfação, ele nos apresentou a todos na fábrica de vidros e sempre recebia David e eu em seu trabalho. Se estivesse ocupado com algum projeto, ele nos dava alguma tarefa que demandasse muito tempo, como cortar uma tora grossa ao meio. A tarefa não servia para nada, mas meu pai nos cobria de elogios quando os dois lados caíam no chão. Construtor habilidoso de ferramentas e de moldes, meu pai fazia peças de reposição para máquinas quebradas e criava moldes para as garrafas de vidro que a empresa produzia. Como especialista na operação de máquinas, ele era procurado por muitos proprietários de fábricas na região. O orgulho que tinha de seu trabalho transbordava para nossa casa, onde ele era claramente o senhor do castelo, ainda que o castelo não fosse mais do que um modesto apartamento. Minha mãe tentava atender todas as suas necessidades; nós, filhos, vínhamos depois.

Nos anos que tínhamos passado longe, Hershel, meu irmão mais velho, amadurecera sob a tutela de meu pai. Tinha se assentado, arrumado trabalho e começado a guardar dinheiro. Em vez de rebelde, Hershel era agora atencioso e responsável. E também tinha uma namorada. Por isso, embora ele novamente fizesse parte da nossa vida cotidiana, quase nunca o víamos.

Logo começamos a nos acostumar à vida em Cracóvia. Estávamos focados em nos estabelecer, em criar um lar, e gostávamos de estar juntos. Quando começamos a ouvir falar a respeito dos tumultos e da violência na Alemanha, ficamos preocupados. Todavia, consumidos pela rotina diária, isso era tudo o que nos restava. Em setembro de 1938, celebramos o Rosh Hashaná, o início do ano-novo judaico, e observamos o Yom Kippur, o Dia do Perdão, numa bela sinagoga reformista, uma dentre as mais de cem sinagogas espalhadas pela cidade. Havia cerca de sessenta mil judeus em Cracóvia, aproximadamente um quarto da população local. Para mim, parecia que estávamos integrados na vida da cidade. Hoje, olhando para trás, percebo que havia sinais apontando os tempos difíceis vindouros.

Um dia, na minha nova escola primária, um lugar enorme com centenas de crianças do bairro, meu professor do terceiro ano me escolheu. Ele me chamou de Mosiek, diminutivo de Moshe. No começo, fiquei impressionado. Achei que aquele homem devia conhecer meu pai, Moshe, e saber que eu era seu filho. Fiquei orgulhoso por ter um pai tão conhecido. Só depois descobri que o professor não tinha a menor ideia de quem era meu pai e que o nome Mosiek, um diminutivo de Moisés, era um insulto reservado para qualquer menino judeu, não importando qual fosse o nome de seu pai. Eu me senti bobo por ser tão ingênuo.

Apesar disso, minha vida continuava absorvida pela escola, pelas brincadeiras e pelas tarefas domésticas, como correr até a padaria para comprar pão ou até o sapateiro para buscar sapatos do conserto. Só que ia ficando cada vez mais difícil ignorar as alarmantes notícias do que estava acontecendo na Alemanha.

O mês de outubro de 1938 começou com notícias perturbadoras. Os jornais, as transmissões de rádio e as conversas por toda parte estavam repletas de histórias sobre a Alemanha e Adolf Hitler, o líder alemão, ou *Führer*. Desde sua chegada ao poder, em 1933, Hitler e os nazistas não perderam tempo para consolidar seu controle, silenciando os adversários e começando a campanha de restabelecimento da Alemanha como potência mundial dominante. Uma parte central do plano de Hitler era a marginalização dos judeus, fazendo de nós "o outro". Ele culpava o povo judaico pelos problemas da Alemanha, passados e presentes, desde a derrota na Grande Guerra à depressão econômica pela qual o país passava.

Quando a Alemanha anexou a Áustria em março de 1938 e ocupou os Sudetos, no noroeste da Tchecoslováquia, seis meses depois, a discriminação contra os judeus também aumentou ali. Novas restrições iam deixando a vida cada vez mais precária para a população judia naquelas regiões.

Antes que conseguíssemos assimilar todas aquelas notícias, fomos golpeados por algo ainda pior: cumprindo ordens de Hitler, milhares de judeus poloneses, talvez até mais de dezessete mil, foram expulsos da Alemanha. O comando nazista disse que eles não eram mais bem-vindos, que eram indignos de viver em solo alemão. O governo polonês estava determinado a provar que era tão antissemita quanto os nazistas e por isso recusou-se a conceder aos refugiados permissão para retornar à terra natal. Chegavam a nós relatos de que esses judeus poloneses estavam jogados numa tripa de terra na fronteira, no meio de lugar nenhum, em acampamentos temporários. Eventualmente, alguns conseguiam subornar os guardas, cruzar a fronteira e chegar a Cracóvia e a outras cidades.

Na minha frente, meus pais ainda minimizavam a gravidade dos acontecimentos.

— Já tivemos *pogroms* no leste — dizia meu pai com aparente indiferença. — Agora há confusão no ocidente. Mas as coisas vão se acalmar. Você vai ver.

Não sei se aquilo era o que ele de fato achava ou se estava tentando convencer a si mesmo e a minha mãe, além de mim. Afinal, para onde poderíamos ir? O que poderíamos fazer?

Então, vieram as piores notícias até aquele momento: na Alemanha e na Áustria, na noite de 9 de novembro de 1938, sinagogas e rolos da Torá foram queimados, e propriedades judaicas, destruídas. Judeus foram espancados aleatoriamente, quase cem foram assassinados. Eu achava inacreditável que as pessoas só ficassem olhando enquanto coisas horrendas como aquelas aconteciam. A propaganda nazista retratava os acontecimentos daquela noite como uma manifestação espontânea contra os judeus; uma retaliação contra o assassinato de um diplomata alemão em Paris, por um rapaz judeu chamado Herschel Grynszpan. Logo vimos que aquela era a desculpa de que os nazistas precisavam. Eles usaram esse acontecimento para iniciar uma onda organizada de violência pelo país inteiro. Mais tarde, tal episódio seria chamado de *Kristallnacht*, a Noite dos Vidros Quebrados, por causa dos milhares de janelas que foram estilhaçadas nas sinagogas, casas e lojas judaicas. Na verdade, muito mais do que vidro foi destruído naquela noite.

Tínhamos a forte esperança de que os nazistas de algum modo fossem cair em si e parar com a perseguição. Ainda que meu pai tentasse me tranquilizar, dizendo que estávamos seguros e que a situação se acalmaria, pela primeira vez eu estava realmente assustado.

A chance de haver uma guerra ficou mais forte. Eu ouvia falar dela na escola, nas ruas, em todo lugar aonde ia. As notícias diziam que as autoridades do governo polonês tinham ido à Alemanha encontrar-se com seus líderes para tentar evitar a guerra. Por mais que meus pais quisessem me proteger, não havia como me resguardar do medo cada vez maior de que logo estaríamos em guerra com a Alemanha.

Uma vez fui até a praça principal de Cracóvia para ouvir o discurso de um famoso general polonês cujo nome não consigo mais lembrar. Orgulhoso, ele fazia os maiores elogios ao nosso exército. Louvava sua bravura e dizia que, se viesse a guerra, os soldados poloneses não dariam aos alemães que ousassem nos invadir nem sequer "um botão de seus uniformes". Todos nós queríamos acreditar que o destemor dos nossos soldados de algum modo poderia derrotar o poderio militar alemão com todos os seus aviões e tanques. Tenho certeza de que meus pais e muitos outros tinham suas dúvidas, mas ninguém queria parecer antipatriótico ou contribuir para o alarme.

Durante o verão de 1939, toda a Cracóvia começou a se preparar seriamente para a guerra. Colocamos tábuas nas janelas de nosso apartamento no térreo, e ajudei meus pais a pôr fitas adesivas em formato de "X" nas vidraças para que elas não se estilhaçassem. Tentamos guardar algumas latas a mais de comida. Algumas famílias apressaram-se para transformar seus porões em abrigos antibomba. Eu sentia mais uma agitação nervosa do que medo durante os preparativos e as elaborações de planos de emergência. Ao contrário de meus pais, eu não tinha ideia de como era a guerra de fato.

Naquele momento tumultuado, fiquei ainda mais próximo de meu irmão Tsalig. Eletricista autodidata, ele sempre era solicitado pelos vizinhos para instalar eletricidade em seus porões reconfigurados. Acho que meu irmão sabia que eu precisava do conforto de sua presença, porque às vezes ele me deixava ir junto e carregar as ferramentas. Cada vez mais eu tentava seguir seu exemplo e ficava feliz quando alguém nos olhava e comentava o quanto éramos parecidos, até no jeito de andar. Quando colocávamos os sapatos lado a lado na hora de dormir, eu conseguia ver pelo jeito como eles se curvavam no dedão como o nosso andar era mesmo parecido.

Alguns judeus se prepararam para a guerra indo embora de Cracóvia. Eles julgavam que o leste da Polônia, mais próximo dos soviéticos, seria mais seguro do que o oeste, próximo da Alemanha. Uma família judia do nosso prédio tomou uma barca e subiu o Vístula até Varsóvia, mais de duzentos e quarenta quilômetros a nordeste. Antes de sua partida, o homem da casa confiou a meu pai a chave de seu apartamento, sem duvidar em momento algum de que ele e a família logo voltariam para retomar sua posse. Nunca mais os vimos.

À medida que os dias iam ficando mais tensos, minha mãe claramente sentia mais saudade de sua aldeia e do apoio de sua família. Afinal, para poder ficar junto do marido, ela deixara os pais, tios, primos e sogros em Narewka. Tudo bem que ela havia conhecido e feito amizade com algumas outras mulheres, casadas com homens que trabalhavam na mesma fábrica de meu pai, mas ter pessoas conhecidas não era a mesma coisa que ter a própria família perto de você. Eu amava a vida na cidade. Para minha mãe, entretanto, a adaptação foi muito difícil. Ela só queria ir para casa. Porém, sem o consentimento e a bênção de meu pai, ela nunca consideraria ir embora. E ele nem conseguia pensar em abandonar a vida que, com tanto esforço, tinha construído para si e sua família em Cracóvia.

Então, na madrugada de 1º de setembro de 1939, uma sirene de ataque aéreo me acordou com um sobressalto. Corri da cama para o outro cômodo e encontrei meus pais já ali, ouvindo o rádio com atenção. Em tons sombrios, o locutor apresentava as vagas informações disponíveis. Tanques alemães cruzaram a fronteira com a Polônia; a Luftwaffe, força aérea alemã, atacara uma cidade na divisa polonesa; a invasão do país pelos alemães havia começado.

Enquanto as sirenes de ataque aéreo soavam, meus pais, Tsalig, Pesza, David e eu corremos em fila até o porão, onde nos juntamos aos vizinhos. Em poucos minutos, ouvimos a passagem dos aviões. Esperávamos que os sons da explosão das bombas viessem logo depois, mas estranhamente isso não aconteceu. Quando soou o sinal de fim de alerta, subimos para o nosso apartamento. Espiei pela janela e dei um grande suspiro de alívio quando vi que não havia nenhum soldado alemão por perto. Nada além de uma quietude sinistra preenchia as ruas. Quando ficamos sabendo, dois dias depois, que a França e a Inglaterra tinham declarado guerra contra a Alemanha, tive esperanças. Com certeza logo viriam nos defender, pensei. No entanto, nenhum socorro veio nos dias que se seguiram.

O exército polonês, independentemente de sua bravura, não conseguiu impedir a torrente de soldados alemães entrando na Polônia e logo recuou para o leste. O colapso foi completo, pondo fim à vida que conhecíamos em Cracóvia.

Nos primeiros dias após o início da guerra, muitos homens adultos — tanto judeus quanto não judeus — fugiram para o leste, longe da frente de batalha. Com base em suas experiências na Grande Guerra, as pessoas presumiam que as mulheres e as crianças estariam seguras e que homens fisicamente capazes seriam recrutados para trabalhos forçados no exército alemão. Como meu pai e Hershel eram os que corriam mais risco de ser recrutados, decidiram tomar parte no êxodo e voltar para Narewka. A viagem seria perigosa por causa do avanço alemão, e, uma vez que Tsalig, David e eu éramos ainda novos o bastante para nos pouparem ou pelo menos parecíamos ser, ficaríamos em Cracóvia com nossa mãe. Certa manhã, num frenesi, papai e Hershel se vestiram rapidamente, pegaram um pouco de comida e, sem grandes despedidas, partiram. Houve lágrimas, mas só daqueles que ficavam. Eu me lembro de ficar olhando a porta fechada, perguntando-me quando e se algum dia eu iria revê-los.

Cinco dias depois da primeira sirene de ataque aéreo, ouvimos um rumor de que havia guardas nas pontes do rio Vístula. Meu ânimo melhorou. Sem dúvida eram guardas franceses ou ingleses que tinham vindo em nosso socorro! Eles parariam os alemães, e meu pai e Hershel poderiam voltar. Sem pedir a permissão de minha mãe, já que ela decerto não iria dá-la, saí sorrateiramente do nosso apartamento para ver com meus próprios olhos. Eu queria ser a pessoa que traria à família a boa notícia de que não corríamos mais perigo e que em breve estaríamos juntos de novo.

Segui meu caminho habitual para o rio em meio a um estranho silêncio. Onde estava todo mundo? Por que não havia gente aplaudindo e celebrando os soldados que tinham vindo nos defender? Quando me aproximei da ponte Powstancow e pude enxergar direito os soldados, diminuí o passo. Meu coração parou. Pelos símbolos nos capacetes, vi que os soldados não eram franceses nem ingleses. Eram alemães. Era 6 de setembro de 1939. Menos de uma semana depois de cruzar a fronteira da Polônia, os alemães estavam em Cracóvia. Ainda que não soubéssemos disso naquele momento, começavam os nossos anos no inferno.

TRÊS

UMA FIGURA SUJA E ESFARRAPADA SUBIU OS degraus da frente do nosso prédio lentamente e apareceu na porta do nosso apartamento. Não reconheci quem era até que ele entrou e desabou numa cadeira. Aquilo mostrava o quanto meu pai mudara ao longo das poucas semanas que passara longe. Minha mãe, minha irmã, meus irmãos e eu o abraçamos, mas nossa alegria só durou um instante. Ela foi seguida pelo medo do que poderia ter acontecido com Hershel. Meu pai nos garantiu que meu irmão estava seguro, mas eu suspeitava que ele tivesse suas dúvidas, as quais compartilhava em segredo com minha mãe. Papai contou que ele e Hershel haviam atravessado uma trilha repleta de refugiados seguindo para o norte e para o leste. Determinados a ficar à frente das tropas e dos tanques alemães, eles caminhavam com outros que fugiam dos soldados invasores, desde o raiar do dia até a noite, dormindo poucas horas em campos onde encontravam um único alimento: espigas de milho arrancadas do caule e comidas cruas. Sempre que se aproximavam de uma cidade, o rumor de que os alemães já tinham chegado ali corria entre eles. Numa velocidade alarmante, o exército alemão tomara toda a Polônia ocidental e estava seguindo para o leste.

Hershel era jovem, forte e conseguia viajar mais rápido do que meu pai, que, por outro lado, repensara o impulso de abandonar esposa e filhos. Assim, eles decidiram que Hershel deveria seguir sozinho até Narewka e que meu pai retornaria a Cracóvia, ainda que corresse o risco de ser pego pelo exército de ocupação. A viagem foi perigosa e demorada, mas ele enfim conseguiu voltar para casa. Eu estava felicíssimo por ter meu pai de volta conosco.

Conforme os nazistas apertavam o cerco na Cracóvia, os judeus eram bombardeados com todo tipo de caricatura insultuosa. Cartazes ofensivos apareciam tanto em polonês quanto em alemão, retratando-nos como criaturas grotescas e imundas, de nariz imenso e torto. Nada naquelas imagens fazia qualquer sentido para mim. Minha família não tinha muitas roupas, porém minha mãe dava duro para mantê-las limpas, e elas nunca estavam sujas. Comecei a estudar o nariz de cada um de nós. Nenhum era particularmente grande. Eu não conseguia entender por que os alemães poderiam querer nos retratar como algo que não éramos.

As restrições multiplicaram-se depressa. Parecia não haver mais nada que os judeus ainda tivessem permissão para fazer. Não podíamos mais sentar em bancos nos parques. Depois fomos proibidos de simplesmente ir aos parques. Cordas foram colocadas nos bondes, designando os assentos dos gentios — poloneses não judeus — na frente e os dos judeus atrás. De início, achei essa restrição irritante. Ela arruinava minha chance de brincar de fugir do condutor com meus amigos. Logo não haveria qualquer oportunidade para essa brincadeira, pois os judeus seriam proibidos de usar qualquer transporte público. Pouco a pouco, os garotos com quem eu dividira tantas aventuras, que nunca tinham ligado para o fato de eu ser judeu, começaram a me ignorar. Depois, passaram a murmurar palavras ofensivas quando eu estava por perto. Por fim, o mais cruel dos meus antigos amigos me disse que eles nunca mais seriam vistos brincando com um judeu.

Meu décimo aniversário, em 15 de setembro de 1939, passou despercebido em meio à confusão e à incerteza daquelas primeiras semanas da ocupação alemã. Felizmente, Cracóvia foi poupada dos destrutivos bombardeios que atingiram Varsóvia e outras cidades. Contudo, mesmo sem a ameaça de bombas, havia terror nas ruas. Os soldados alemães agiam com impunidade. Nunca era possível prever o que eles iam fazer. Saqueavam lojas de judeus; os expulsavam de seus apartamentos e se instalavam neles, confiscando os pertences. Entre os judeus ortodoxos, os homens eram os mais visados. Os soldados os pegavam e os espancavam nas ruas. Cortavam suas barbas e cachos de cabelo laterais, conhecidos como *peiot*, só por diversão. Havia também alguns poloneses gentios que viam novas oportunidades nisso tudo. Certa manhã, diversos poloneses invadiram nosso prédio para saquear o apartamento de cima, onde tinha morado a família judia que fugira para Varsóvia. Eles bateram na porta do nosso apartamento. Quando meu pai se recusou a lhes dar a chave que lhe havia sido confiada, eles correram escada acima, arrombaram a porta e saquearam o apartamento assim mesmo.

Não muito tempo depois, apareceram empreendedores nazistas tentando fazer fortuna com a miséria dos empresários judeus, que não tinham mais permissão para serem donos de empresas. A fábrica de vidros em que meu pai trabalhava foi um dos alvos. O empresário nazista que a assumiu demitiu de imediato todos os trabalhadores judeus, exceto meu pai. Ele foi poupado porque falava alemão. O novo dono fez dele o contato oficial — uma espécie de tradutor — entre ele e os cristãos poloneses que ainda tinham permissão para trabalhar. Pela primeira vez em meses, vi meu pai um pouco mais confiante. Ele insistia que a guerra não ia durar muito e que, como ele tinha um trabalho, estaríamos a salvo. No ano seguinte, talvez no fim daquele ano mesmo, previa ele, tudo teria acabado. Assim como os alemães haviam ido embora ao fim da Grande Guerra, também iriam embora dessa vez. Suspeito que pais judeus em toda a Cracóvia tenham transmitido a mesma mensagem a seus filhos, não apenas para confortá-los como também para tranquilizar a si próprios. Meu pai estava cometendo o mesmo erro de muitos outros ao acreditar que os alemães com quem ele lidava naquele momento eram iguais aos que conhecera antes. Ele não tinha ideia, nem poderia ter, da desumanidade sem fim e da maldade desse novo inimigo.

Uma noite, sem qualquer aviso, dois membros da Gestapo — a polícia secreta alemã — irromperam pela porta da frente do nosso apartamento. Os poloneses que tinham pilhado o apartamento dos vizinhos passaram a eles a informação de que éramos judeus e que meu pai se recusara a entregar a chave. Denunciá-lo era a chance deles de se vingar. Na nossa frente, aqueles bandidos, que não deviam ter mais do que dezoito anos, provocavam meu pai, gritando para que lhes dissesse onde havia escondido a chave. Quebraram pratos e arrastaram a mobília.

Jogaram meu pai contra a parede e exigiram saber onde guardávamos o dinheiro e as joias. Acho que eles não tinham olhado direito nosso modesto apartamento. Somente reproduziram a ideologia racista de que todos os judeus acumulavam riquezas. Apesar de sua brutalidade, meu pai achou que poderia conversar com eles e que, falando de maneira calma e racional, conseguiria convencê-los de que não possuíamos dinheiro nem joias.

— Olhem a casa — disse ele aos agentes. — Nós parecemos ricos?

Ao perceber que os dois não tinham interesse em seus argumentos, ele fez algo ainda pior. Disse que iria denunciá-los aos seus supervisores, os oficiais nazistas que conhecia da fábrica. As ameaças só fizeram inflamá-los. Eles o socaram, jogaram-no com violência no chão e o estrangularam. Fiquei enojado com a crueldade. Eu queria fugir para não ter de olhar, mas a sensação era de que meus pés estavam enraizados em concreto. Vi o choque e a vergonha nos olhos de meu pai enquanto ele estava caído, impotente, diante da mulher e dos filhos. O homem orgulhoso e ambicioso que tinha trazido a família para Cracóvia em busca de uma vida melhor não podia fazer nada para conter os brutamontes nazistas que ousavam invadir sua casa. Subitamente, antes que eu percebesse o que estava acontecendo, aqueles valentões arrastaram meu pai para fora do apartamento, escada abaixo e noite adentro.

Aqueles foram os piores momentos da minha vida. Nos anos subsequentes, aquelas cenas de horror se repetiram na minha mente. De certo modo, aquele terrível episódio tornou-se não apenas o precursor, mas também o símbolo de toda a horrenda crueldade que se seguiria. Até aquele instante, quando vi meu pai espancado e ensanguentado, de algum modo eu sentia que estava seguro. Sei quão irracional isso pode parecer, considerando o que eu via acontecer à minha volta; porém, até aquela noite, eu achava que tinha uma imunidade especial, que de alguma forma a violência não me alcançaria. A partir do momento em que vi meu pai brutalizado diante dos meus olhos, percebi que as coisas eram diferentes. Aquela percepção me convenceu de que eu não podia permanecer passivo. Eu não podia ficar esperando os alemães serem derrotados.

Eu precisava agir.

Precisava achar meu pai.

Nos dias seguintes, meu irmão David e eu procuramos por toda a Cracóvia, tentando encontrar o lugar para onde a Gestapo o levara. Fomos a todas as delegacias e prédios públicos, a todo lugar que tivesse uma bandeira nazista estendida do lado de fora. Como tanto meu irmão quanto eu falávamos alemão, e como a completa extensão da vilania nazista ainda não havia se revelado totalmente, tínhamos a audácia de fazer perguntas a qualquer alemão que achássemos que podia saber alguma coisa. Só hoje percebo que aquilo que fizemos foi uma grande loucura. Cada vez que nos aproximávamos de um alemão, colocávamos nossa vida em risco. Apesar de todos os esforços, voltávamos para casa de mãos vazias. Ninguém admitia saber que nosso pai havia sido preso, muito menos onde ele estava detido. Aquele era o pior pesadelo do mundo. Pesza foi com David e comigo a um advogado, a quem imploramos ajuda. Ele nos mandou voltar para casa prometendo que encontraria nosso pai, ainda que não tivesse a menor ideia de por onde começar.

A cada beco sem saída, eu sentia mais e mais medo. Fiz o melhor que pude para escondê-lo e parecer forte diante de minha mãe, mas às vezes ela me sacudia à noite para me acordar, porque eu estava tendo mais um pesadelo, revivendo aqueles momentos terríveis em que meu pai fora espancado diante dos meus olhos. Tentei evitar pensar no óbvio: se os nazistas podiam espancá-lo na nossa frente, o que não poderiam fazer quando ele estivesse longe de nós? Quando pensava no sofrimento dele, eu até começava a me sentir um pouco culpado por ter esperanças de que meu pai ainda estivesse vivo. Não queria que ele precisasse suportar mais espancamentos, nem que fosse torturado. Será que havia mesmo alguma chance de que ele fosse voltar?

À medida que os dias se tornavam semanas e que a probabilidade de encontrar meu pai diminuía, nossa situação ficava cada vez mais desesperadora. Meu pai tinha uma poupança num banco de Cracóvia — todavia, aqueles fundos foram perdidos quando todas as contas bancárias de judeus viraram propriedade nazista. Agora, o pouco dinheiro que nos restava tinha praticamente acabado. Possuíamos uma curta reserva de emergência: dez moedas de ouro escondidas que minha avó dera a minha mãe antes de deixarmos Narewka. Uma a uma, minha mãe as trocou por comida. Logo as moedas se foram e, com elas, nossa única garantia de segurança.

Minha mãe estava muito nervosa, fora de si de tanto medo e ansiedade. Numa cidade ocupada pelo inimigo, longe da proteção da família, que tinha ficado em Narewka, ela quase teve um colapso. As noites eram particularmente difíceis, pois eram as poucas horas em que ela não estava ocupada nos alimentando ou cuidando de nós. Ela se revirava na cama sem parar. Eu conseguia sentir seu corpo tremendo quando ela gritava: "O que vamos fazer? Como vamos viver?" Eu estava determinado a ajudá-la de algum modo, a aliviar sua angústia e mostrar que ela podia contar comigo, mas, por ser o caçula, eu duvidava que o meu apoio lhe inspirasse muita confiança. Ela estava sozinha, sobrecarregada pelo peso assustador da responsabilidade de preservar a própria vida e a dos filhos.

No início de dezembro de 1939, os nazistas decretaram que os judeus não podiam mais frequentar escolas. Quando eu soube dessa nova restrição, tive uma breve sensação de liberdade. Que menino de dez anos não adoraria alguns dias sem aula? A sensação, entretanto, não durou muito. Logo percebi a vasta diferença entre escolher não ir à escola um ou dois dias e ser proibido de frequentá-la. Aquilo era só mais um jeito de os nazistas tirarem de nós tudo que tínhamos de precioso.

Então, juntei-me a David e Pesza na busca por trabalho. Não foi fácil, já que muitas outras crianças judias estavam fazendo o mesmo. David conseguiu um emprego como ajudante de encanador, carregando ferramentas e auxiliando no que fosse preciso. Minha irmã trabalhava limpando casas. Comecei passando um tempo numa empresa de refrigerantes, oferecendo-me para colocar rótulos nas garrafas. No fim do dia, recebia uma única garrafa de refrigerante como pagamento. Eu a levava para casa a fim de dividi-la com todos.

Uma tarde, quando eu voltava do trabalho, vi um dos membros da Gestapo que haviam espancado meu pai. Eu tinha certeza! Não sei o que deu em mim, mas fui atrás dele e implorei que ele me dissesse para onde levara meu pai. A intimidadora figura olhou-me com desdém, como se eu fosse menos do que um fiapo de algodão em seu casaco. Se eu tivesse mais juízo, teria ficado morto de medo. Mas não fiquei, e talvez minha audácia o tenha impressionado, porque ele me contou que meu pai estava na prisão de São Miguel. Corri para encontrar David, e juntos saímos desembestados cidade adentro, até chegarmos àquele prédio sinistro. Como esperávamos, as autoridades confirmaram que meu pai estava ali. Ainda que não tivéssemos permissão para vê-lo, só o fato de saber que ele estava vivo renovou nosso desejo de viver. De alguma maneira ele havia aguentado, e por isso nós também deveríamos aguentar. David e eu passávamos a maior parte dos nossos dias indo à prisão, levando conosco pacotes de comida cuidadosamente preparada e embalada por minha mãe. Pensando agora, vejo que, se o oficial da Gestapo tivesse mentido para mim, eu não teria ficado sabendo, mas por alguma razão ele não o fez.

Várias semanas depois, sem qualquer motivo aparente, meu pai foi libertado da prisão. O momento em que ele entrou por nossa porta foi de um alívio e uma alegria avassaladores. Ao mesmo tempo, trouxe-nos uma tristeza inesperada. Era fácil ver que aquilo pelo que tinha passado o fizera mudar. Não era só por ele estar fraco e esquelético; meu pai havia mudado num aspecto mais visceral. Os nazistas não tinham lhe tirado apenas a força — ainda que ele fosse encontrar uma grande reserva dela nos anos que viriam. Tiraram a confiança e a autoestima que lhe davam vigor. Agora meu pai falava pouco e andava com os olhos baixos. Perdera não somente o emprego na fábrica de vidros como também algo ainda mais valioso: sua dignidade como ser humano. Fiquei muito abalado por vê-lo derrotado. Se ele não conseguia resistir aos nazistas, como eu poderia?

Em fins de 1939, percebi que a previsão de meu pai estava errada. Nossa situação parecia grave sob quaisquer aspectos. Todos os sinais sugeriam que a guerra duraria muito tempo. Os nazistas não se contentaram com aquilo que já tinham infligido a nós, judeus — a cada dia sofríamos uma nova humilhação. Se um soldado alemão se aproximava, os judeus precisavam sair da calçada até que ele passasse. A partir do final de novembro, os judeus que tivessem doze anos ou mais deveriam usar uma faixa branca no braço com uma estrela de Davi azul, que tínhamos de comprar do Conselho Judaico, o órgão administrativo que os nazistas criaram para lidar com todas as questões judaicas. Ser pego sem essa braçadeira significava prisão e, muito provavelmente, tortura e morte.

Como eu não tinha ainda doze anos, não usava a identificação no braço. Quando tive idade para usá-la, decidi que não o faria. Ainda que minha confiança tivesse sido abalada por aquilo que vira e experimentara, havia momentos em que eu desobedecia às regras e fazia pouco caso dos nazistas. De certo modo, eu usava seus próprios estereótipos contra eles mesmos, já que não havia em mim nada que deixasse óbvio que eu era judeu. Com cabelo grosso e escuro e olhos azuis, eu era parecido com muitos outros garotos poloneses. Volta e meia eu sentava num banco num parque só para provar que podia fazer o que quisesse, oferecendo a minha humilde resistência aos nazistas. Claro que eu não podia fazer isso quando qualquer pessoa que me conhecesse estivesse por perto. Os amigos com quem eu costumava brincar viravam a cara quando eu passava. Não sei se eles teriam me traído. No entanto, o mais provável é que fariam isso para tentar apagar a lembrança da época em que foram amigos de um judeu. Eu os via andando para a escola de manhã com a maior normalidade, quando para mim tudo havia mudado. Eu não era mais o menino despreocupado e aventureiro que, feliz, ansiava em andar de graça no bonde. De algum modo eu me tornara um obstáculo ao objetivo da Alemanha de dominar o mundo.

Meu pai encontrou seu próprio jeito de desafiar os nazistas e, ao mesmo tempo, nos ajudar a sobreviver, ainda que de forma ilegal. Ele trabalhava por fora, sem constar na contabilidade, para a fábrica de vidros da rua Lipowa. Um dia, mandaram-no ir ao outro lado da rua, no número 4. Ali ficava a fábrica de esmaltados aonde, antes da guerra, ele ia às vezes para consertar ferramentas e equipamentos. O novo dono, nazista, precisava que abrissem um cofre. Meu pai não fez nenhuma pergunta. Pegou as ferramentas certas e abriu o cofre num instante. Aquilo acabou sendo a melhor coisa que ele podia ter feito, porque, numa atitude totalmente inesperada, o nazista lhe ofereceu um emprego.

Muitas vezes me perguntei o que meu pai pensou naquele momento. Será que sentiu alívio ou apenas uma ansiedade diferente a respeito do que aquele nazista lhe pediria para fazer depois? Ele sabia que qualquer salário que ganhasse nunca chegaria a suas próprias mãos, indo direto para o nazista. Em outras palavras, aceitar a oferta significava trabalhar de graça, mas também significava uma chance de proteção para si e para sua família. Alguém poderia interpor-se entre ele e os próximos nazistas que viessem bater à sua porta. Valia a pena tentar. Na verdade, recusar não era uma opção. Talvez ele tenha pressentido que havia algo de decente naquele nazista em particular. Talvez, abatido como já estava e disposto a agarrar-se a qualquer fio de esperança, ele tenha apenas pensado: *Faça o que mandam. Não crie confusão. Mostre seu valor. Sobreviva.*

Qualquer que tenha sido sua motivação, meu pai aceitou o trabalho na hora. Ao fazer isso, tomou uma decisão que teve consequências inimagináveis.

O empresário nazista, cujo cofre ele tinha aberto e que acabara de contratá-lo, era Oskar Schindler.

QUATRO

OSKAR SCHINDLER FOI CHAMADO DE MUItas coisas: malandro, mulherengo, oportunista, beberrão. Quando Schindler deu um emprego a meu pai, eu nunca havia ouvido esses xingamentos e não teria dado a mínima se tivesse. Cracóvia estava repleta de alemães que queriam enriquecer com a guerra. O nome de Schindler só significava algo para mim porque ele tinha contratado meu pai.

O feliz encontro em torno do cofre fez meu pai se tornar um dos primeiros trabalhadores judeus na empresa que Schindler alugou e depois, em novembro de 1939, tomou de um empresário judeu falido chamado Abraham Bankier. Na verdade, dos duzentos e cinquenta trabalhadores que Schindler contratou em 1940, apenas sete eram judeus; os demais eram gentios poloneses. Schindler renomeou a empresa como Deutsche Emailwarenfabrik, Fábrica

Alemã de Utensílios Esmaltados, com o intuito de ter apelo junto aos fornecedores do exército alemão. Para encurtar, ele a chamava de Emalia. Os exércitos precisavam de muito mais do que armas e balas para fazer uma guerra. Empresário esperto, Schindler começou a produzir potes e panelas esmaltados para os alemães, linha de produção que geraria um lucro grande e constante, sobretudo porque seus custos de trabalho eram mínimos. Ele podia explorar trabalhadores poloneses a salários baixos e judeus a salário nenhum.

Ainda que meu pai não trouxesse dinheiro para casa, ele conseguia trazer alguns pedaços de pão ou de carvão nos bolsos. Mais importante que isso, seu emprego nos dava algo maior, algo que eu valorizava mais, mesmo quando estava com fome e era difícil pensar em qualquer outra coisa que não a dor no estômago. Trabalhar para Schindler significava que meu pai tinha um emprego oficial. Quando ele era parado na rua por algum soldado alemão ou policial que quisesse usá-lo para trabalhos forçados, para varrer a rua, tirar lixo ou quebrar o gelo no inverno, aquela credencial lhe proporcionava a proteção necessária. Ela se chamava *Bescheinigung*, um documento que afirmava que meu pai estava oficialmente empregado por uma empresa alemã. Era um escudo protetor, um atestado de posição. Não o tornava imune aos caprichos dos invasores nazistas, mas o deixava muito menos vulnerável do que quando estava desempregado.

Não sei quanto Schindler sabia a respeito do que meu pai fazia todos os dias, porém, com certeza, percebia que ele era um trabalhador habilidoso e capaz. Sua destreza na abertura do cofre rendera-lhe o respeito do empresário. E ele conquistava ainda mais respeito dia após dia. Schindler não entendia direito como funcionava uma fábrica e não sentia vontade de aprender. Tinha empregados para cuidar daquilo. Meu pai trabalhava muito na Emalia e, depois, ia para um segundo turno na antiga fábrica de vidros. Ambas rendiam pequenas quantidades de comida. Ele também conseguiu, por meio de Wojek, um amigo gentio, vender alguns de seus ótimos ternos no mercado negro. Wojek ficava com parte do dinheiro como pagamento por seus esforços, mas o que restava era o suficiente para nos dar um pouco mais de comida.

Enquanto isso, em Cracóvia, os alemães apertavam o cerco contra nós. Pais judeus não podiam mais tranquilizar os filhos dizendo "Logo isso vai acabar", porque uma nova frase surgira: "Se isso for o pior que acontecer." Minha mãe e meu pai também adotaram essa frase como instrumento de sobrevivência, talvez para manter afastados os pensamentos mais sombrios. Quando fomos forçados a entregar nosso rádio aos nazistas, repetimos em silêncio essas palavras. Sempre que um alemão se aproximava, sussurrávamos para nós mesmos: "Se isso for o pior..."

Nos primeiros meses de 1940, eu ainda podia andar pelas ruas de Cracóvia com relativa liberdade, embora não mais sem medo. Eu conseguia "passar" por gentio porque ainda era jovem o bastante para não ter de usar a estrela de Davi como identificação. Todos os dias eu observava os soldados alemães em seus uniformes cinza-escuros vigiando um tanque de petróleo do outro lado da rua do nosso apartamento.

Não conseguia deixar de ficar intrigado com eles e com os rifles polidíssimos que portavam. Afinal, eu era um menino curioso. Os soldados, na verdade não muito mais velhos do que eu, eram cordiais e até amigáveis. Como eu falava alemão, provavelmente parecia bem inofensivo para eles. Bater um papo comigo de vez em quando ajudava a quebrar a monotonia de seus dias. Às vezes eles até me deixavam entrar na estação de guarda e dividiam comigo um pedaço do chocolate de suas provisões.

Contudo, num instante os soldados alemães podiam passar de cordiais a brutais. Se estivessem entediados ou bebessem muito, podiam pegar um judeu ortodoxo para espancá-lo. Impotente para impedir esse abuso, eu me sentia envergonhado e confuso sempre que testemunhava tais incidentes. Por que os nazistas nos detestavam tanto? Eu tinha conhecido muitos homens, incluindo meus avós, que eram judeus e se vestiam conforme a tradição. Não havia neles nada de demoníaco nem de imundo, nem razão alguma para que fossem submetidos àquela violência, mas a mensagem nos cartazes de propaganda nazista colados na cidade inteira contava outra história. Com figuras distorcidas, cheias de piolhos, e legendas de ódio, elas faziam parecer permissível, e até adequado, atacar um judeu, ainda que ele fosse diferente do que estava retratado no cartaz.

Então, uma noite, tive uma experiência direta da ira dos soldados. Alguém lhes contou que eu — o mesmo menino que brincava e falava alemão com eles, por vezes tratado como um irmão mais novo e a quem era permitido ficar na cabine de guarda — era judeu. Durante a noite, eles entraram violentamente no apartamento e me arrancaram da cama pelos cabelos.

— Qual é o seu nome? — gritaram. — Você é judeu?

Respondi que era. Eles me estapearam, furiosos por terem presumido que eu fosse um menino "normal". Para minha sorte, não fizeram mais do que me estapear e deixaram o apartamento de forma abrupta. Corri para os braços de minha mãe, tremendo e chorando, e dessa vez era eu que estava pensando: *Se isso for o pior que acontecer...*

Em maio de 1940, os nazistas começaram a implementar uma política para "purificar" Cracóvia

— então capital do território controlado pelos alemães, chamado *Governo Geral* — de sua população judia. Os alemães decretaram que apenas quinze mil judeus teriam permissão para continuar na cidade. Nos meses seguintes, dezenas de milhares de judeus assustados partiram para as cidadezinhas e aldeias nos arredores, de onde muitos deles tinham fugido havia pouco tempo. A maioria foi porque quis, contente por poder levar alguns de seus pertences consigo e aliviada por escapar das constantes intrigas e ameaças dos nazistas.

Meus pais tentaram outra vez enxergar sob um viés positivo os novos acontecimentos. Eles nos disseram que os judeus que partissem teriam vidas melhores longe da cidade, onde viveriam em condições mais confortáveis e não precisariam aturar o infindável assédio dos soldados alemães que patrulhavam as ruas. Até disseram que aqueles que haviam partido "voluntariamente" tinham recebido dinheiro para bancar provisões e a viagem.

Eu queria acreditar nos meus pais, mas meus irmãos e minha irmã não se convenciam disso com tanta facilidade. Se ir embora da cidade era tão vantajoso, perguntavam meus irmãos, por que estávamos sempre tão determinados a permanecer em Cracóvia? Meus pais não tinham resposta para isso. Depois, meu irmão David me contou os aterrorizantes rumores: os deportados não estavam sendo mandados para áreas rurais, mas para a morte. Eu ficava dividido entre achar que esses rumores deveriam ser falsos e saber que os nazistas eram capazes de qualquer coisa. Bastava eu me lembrar do cruel ataque a meu pai para ter certeza disso.

Assim, foi com imenso alívio que recebi a notícia de que minha família poderia ficar em Cracóvia por causa do trabalho de meu pai na Emalia e de nossos vistos de residência. Sua *Bescheinigung* cobria minha mãe, meus irmãos Tsalig e David e a mim. Pesza, que conseguira um trabalho numa empresa de energia elétrica, agora tinha de obter seu próprio atestado de trabalho. Mesmo assim, sabíamos o quão frágil era nossa segurança diante das regras e políticas alemãs, em constante mudança. Toda vez que os soldados alemães esmurravam nossa porta, exibíamos nossos vistos e prendíamos a respiração durante as breves, mas intermináveis, inspeções.

O emprego de meu pai na Emalia nos ajudou de outras maneiras também. Ele recebia almoço na fábrica. Nunca comia tudo, não importando a fome que sentisse, e trazia para casa o que podia. Em alguns dias, aquela comida contrabandeada marcava a diferença entre a fome e a inanição. Quando ficava frio, meu pai conseguia esconder alguns pedaços de carvão nos bolsos, ainda que fosse proibido tirar qualquer coisa das instalações da fábrica. Durante as longas noites de inverno, aqueles poucos pedaços de carvão nos proporcionavam o único aquecimento que tínhamos, amontoados em volta do fogão. Toda sexta-feira, sem falta, minha mãe acendia as velas do Shabat somente o tempo necessário para fazer as rezas noturnas. Como era quase impossível achar velas no mercado negro, ela as soprava imediatamente após as preces. Mas era o suficiente. Durante aqueles breves minutos, com o brilho das velas, eu me sentia conectado não apenas à minha família ao meu lado como também à minha família em

Narewka, ao meu avô favorito, e a dias mais felizes. O ritual afirmava quem éramos apesar das humilhantes restrições porta afora. Conseguiríamos esperar que isso acabasse e sobreviver, pensávamos, enquanto tivéssemos uns aos outros.

Os meses posteriores não trouxeram boas notícias para aqueles que, como nós, estavam sob ocupação inimiga. Os nazistas, porém, adoravam bombardear-nos com seus êxitos. Seus triunfos eram constantemente anunciados no rádio, nos jornais e até nos telões que eles montavam para exibir noticiários com cenas de suas vitórias. Lembro-me de ir ao terreno vazio onde havia um telão desses e de ver um desfile interminável de tanques e soldados alemães radiantes enquanto atravessavam Holanda, Bélgica, Luxemburgo e França em maio e junho de 1940.

Novos rumores circularam no fim desse mesmo ano de 1940. Seria construído um gueto numa região ao sul de Cracóvia conhecida como Podgórze. A área seria cercada por altos muros; os poucos portões seriam guardados em tempo integral por soldados alemães. Todos os judeus que permanecessem na cidade seriam forçados a viver no gueto e só poderiam sair com permissão dos alemães. Sabíamos que em Varsóvia os judeus já tinham sido realocados à força para uma pequena área da cidade, onde agora viviam em condições desesperadoras de superlotação. Tentei compreender essa nova possibilidade. Como isso poderia acontecer? Parecia impossível. Os rumores, no entanto, logo viraram realidade. Vi os muros de três metros sendo construídos, cercando uma área de prédios residenciais não muito distante do nosso apartamento. Os nazistas então ordenaram que cinco mil não judeus que viviam na região saíssem para que quinze mil judeus – todos os que ainda estavam em Cracóvia – fossem espremidos naqueles novos bairros.

Meu pai, sempre engenhoso, achou um jeito de trocar nosso apartamento pelo de um amigo gentio dentro do gueto, na esperança de que a troca pudesse prover acomodações melhores do que aquelas que os nazistas arranjariam. No começo de março de 1941, empilhamos nossos pertences numa carroça que conseguimos graças à generosidade alheia e demos adeus ao nosso apartamento, o último laço que ainda tínhamos com a vida na cidade, outrora tão promissora.

Ao contrário de nosso primeiro percurso por Cracóvia mais de dois anos e meio antes, quando tínhamos atravessado as ruas de charrete, empolgados e ansiosos, dessa vez tudo o que sentíamos era medo. Quando nos aproximamos dos portões do gueto, fui tomado pelo pânico. Olhei os muros altos e vi que, com seu pendor para o sadismo, os nazistas, nos últimos dias, tinham colocado na parte de cima pedras arredondadas que pareciam lápides. A mensagem implícita era de que estávamos nos mudando para aquilo que viria a ser nosso próprio cemitério. Eu mal conseguia tirar meus olhos do símbolo de morte que nos dava as "boas-vindas". Tentei trocar um olhar calmo com Tsalig, mas ele manteve os olhos para baixo e não quis voltá-los para mim enquanto passávamos pelos guardas e pelo portão.

Uma vez dentro do gueto, abrimos caminho até a nossa nova casa, um prédio no número 18 da rua Lwowska. Carregamos nossos poucos pertences escada acima até o conjugado que nos aguardava. Quando chegamos, um casal, o sr. e a sra. Luftig, recebeu-nos na porta. Eles estavam entre os judeus expulsos da Alemanha e tinham de algum jeito conseguido chegar à Cracóvia. As autoridades do gueto, desconhecendo o trato que meu pai havia feito, tinham lhes mandado ocupar o apartamento. Ainda que meus pais não estivessem contentes com o arranjo, não ousaram questioná-lo por medo de retaliações de quem estava no comando. Em vez disso, aceitamos, assim como todos os judeus do gueto. Meu pai estendeu um cobertor no meio do conjugado, separando nós seis dos Luftig. Enquanto minha mãe e minha irmã tiravam das malas os poucos itens que pudemos trazer conosco, meus irmãos e eu saímos do cômodo lotado para conhecer nossa nova vizinhança e ver o que conseguíamos descobrir. Estávamos determinados a tirar o melhor da situação. O que mais podíamos fazer?

Poucos dias depois de nos mudarmos para o gueto, os nazistas selaram os portões, trancando-nos ali dentro. Ainda assim, pensamos: *Se isso for o pior que acontecer...* Quem dera.

CINCO

— UM DIA VOU LEVAR VOCÊ AOS ESTADOS Unidos, onde mora meu filho — prometeu-me o sr. Luftig enquanto limpávamos seus cachimbos, sentados do lado de lá do cobertor que dividia o apartamento. Em meu primeiro ano no gueto, muitas vezes eu ficava com o sr. Luftig. Homem paciente e generoso, que estava entre os cinquenta e sessenta anos, o sr. Luftig gostava de me contar histórias a respeito da vida do filho em Nova York, uma ilha da fantasia com oportunidades sem fim, comida em abundância e poucas restrições para judeus. Quando seus sete ou oito cachimbos estavam limpos, ele os colocava, orgulhoso, lado a lado sobre a mesa. Admirado, eu contemplava a coleção. Havia cachimbos retos, curtos e até um com tampa. Não importava se o sr. Luftig não tinha tabaco para colocar neles. Os cachimbos simbolizavam um mundo ordeiro e civilizado que escapava ao controle dos nazistas.

A sra. Luftig era uma mulher discreta que não reclamava de nada. Ela e minha mãe ficaram amigas e de vez em quando dividiam as tarefas de cozinha. Trabalhar juntas naquelas condições desesperançadas de algum modo diminuía o desespero. O que acontecia em nosso apartamento era replicado milhares de vezes no gueto. Todos lutávamos para preservar nossas vidas e nossa dignidade diante de assassinatos aleatórios, doenças devastadoras, roupas gastas e um estado próximo da inanição.

Como quinze mil pessoas estavam espremidas numa área feita para abrigar no máximo cinco mil, o sistema sanitário era deploravelmente inadequado. O encanamento interno que um dia tínhamos achado normal era agora um luxo inatingível. Havia longas filas para as poucas casinhas, e, no inverno, até que eu tivesse terminado de fazer minhas necessidades, meus pés já estavam quase congelados. O apinhado de gente, a má alimentação e a falta de higiene levavam à disseminação de doenças — do tifo à escarlatina, da desnutrição à psicose, algum mal atingia quase todas as famílias.

Aos olhos nazistas, os judeus eram um grupo singular e detestado, o exato oposto dos "arianos" puros, louros, de olhos azuis. Na verdade, não éramos de forma alguma o oposto deles. Muitos judeus tinham olhos azuis e cabelos louros, bem como muitos alemães e austríacos, incluindo Adolf Hitler, tinham olhos e cabelos escuros. Todavia, o dogma nazista agrupava todos os judeus como se fossem uma coisa só: o odiado inimigo dos arianos. Para eles, ser judeu não tinha a ver com aquilo em que acreditávamos, mas com nossa suposta raça. Para mim aquilo não fazia sentido, e eu até me perguntava como os próprios nazistas conseguiam acreditar em tais contradições. Se eles tivessem realmente se dado o trabalho de nos olhar, teriam visto seres humanos iguais a eles. Alguns de olhos azuis, outros de olhos castanhos. Teriam visto famílias idênticas às deles: filhos e filhas, mães e pais, médicos, advogados, professores, artesãos e alfaiates, indivíduos de todas as esferas sociais.

Os nazistas nos obrigaram a viver em condições impossíveis de aglomeração, projetadas para trazer à tona o que havia de pior nas pessoas. Apesar de termos tudo contra nós, permanecemos determinados a demonstrar respeito e decência uns pelos outros. Mantendo nossa humanidade, prezando nossa herança, lutamos contra a depravação dos nazistas com formas sutis de resistência. Rabinos resistiam presidindo cultos nos feriados judaicos. Médicos e enfermeiras lutando para salvar as vidas dos doentes e feridos e trazendo novas vidas ao mundo. Atores e músicos criando palcos improvisados em pátios escondidos e representando peças e esquetes, dando concertos, afirmando que a beleza e a cultura poderiam existir em meio às horrendas circunstâncias do gueto.

Eu me lembro de apoiar o queixo sobre uma cerca para ver uma dessas apresentações de comédia, cheia de humor negro. Mesmo quando não entendia muito bem as piadas, eu ria, porque aquele era um jeito de mostrar aos nazistas que eles não me controlavam. Também me fazia sentir melhor por alguns minutos. Os judeus resistiam àquele sombrio entorno dividindo suas esperanças e sonhos uns com os outros, como o sr. Luftig fazia comigo.

Algumas pessoas resistiam se apaixonando. Os casais namoravam e se casavam; bebês nasciam. Romances floresciam apesar da opressão que nos cercava. Isso aconteceu com meu irmão Tsalig. Ele se apaixonou por Miriam, filha de um fabricante de escovas que morava com a família num prédio atrás do nosso. Para meu irmão de dezessete anos, um romance era uma experiência inteiramente nova e uma maravilhosa distração do horror da vida no gueto. Para mim, seu romance não era algo tão positivo, pois significava que agora eu tinha de dividir meu irmão com outra pessoa. O resultado disso foi que eu acabei ficando um pouco implicante.

— O rosto dela é bonito, mas não gosto das pernas — queixei-me um dia com Tsalig, como se ele tivesse pedido a minha opinião.

Ele poderia ter ficado zangado ou se defendido, mas apenas riu, cutucou-me de leve no ombro e disse:

— Um dia, você não vai ser tão crítico em relação às garotas.

Dito isso, lá se foi ele mais uma vez encontrar com Miriam para passear de mãos dadas e até, quem sabe, fazer planos para uma futura vida a dois.

Durante as ausências de Tsalig, achei maneiras de me ocupar. Eu ia a uma escola hebraica secreta no obscuro apartamento de um rabino. Fiz amizade com outros meninos da minha idade, incluindo Yossel e Samuel, filhos do sr. Bircz, o sapateiro. Eles moravam no apartamento abaixo do nosso. Meus amigos e eu jogávamos cartas e explorávamos o labirinto de ruas estreitas da área. Fazíamos "shows" próprios e espontâneos no pátio embaixo do nosso prédio, e eu imitava um número de comédia com o chapéu balançando na cabeça. Acho que minha imitação era bem ruim, mas meus amigos riam do mesmo jeito.

Eu até aprendi sozinho a andar (mais ou menos) de bicicleta. Um homem no nosso prédio deixava uma bicicleta parada na frente de seu apartamento. Um dia, ele me pediu para limpá-la. Em troca, prometeu me deixar andar nela um pouquinho. Apesar de eu nunca ter andado de bicicleta, fiquei intrigado. Depois de terminar de escovar e polir a bicicleta, subi nela, estiquei as pernas para alcançar os pedais e cambaleei por alguns metros antes de cair. Subi de novo e, quando finalmente achei que tinha ganhado equilíbrio, pedalei forte, naquela que foi a minha mais ousada tentativa, virando na esquina e ganhando velocidade. Por poucos segundos não fui um prisioneiro do gueto nazista, encarcerado atrás de muros altos, mas um menino de doze anos como qualquer outro, deliciando-me com a mistura de perigo e adrenalina. Nem mesmo o fim inevitável do meu passeio — quando caí no chão, ferindo a testa — me tirou o ânimo ou a empolgação.

Essas distrações eram poucas e preciosas. A maior parte do meu tempo era dedicada à questão essencial de conseguir comida. Todos os dias eu passava um pente fino nas calçadas e nos becos procurando sobras de pão ou qualquer coisa comestível para tentar combater minha fome constante. É difícil acreditar que minha família tenha sobrevivido às primeiras semanas no gueto, considerando a pouca comida que tínhamos. Minha mãe inventava diversas sopas, cujo principal ingrediente era sempre água, e meu pai, cuja licença de trabalho permitia que ele saísse do gueto para trabalhar na fábrica de Schindler, a diversas quadras de distância, tentava trazer para casa uma batata ou um pedaço de pão. Ainda me lembro de ficar ao seu lado toda noite enquanto ele esvaziava os bolsos, rezando para que houvesse, enterrada neles, alguma comida extra que pudéssemos dividir. Às vezes havia comida no mercado negro, mas era preciso ter algo para dar em troca. Os nazistas distribuíam quantidades limitadas de pão, mas não mais que isso.

O sr. Bircz, o sapateiro, tinha negócios fora do gueto. Um dia, voltou de um cliente com *galaretka*, um prato polonês de geleia de pés de galinha. Ainda que sua família tivesse bem pouco para si, a refeição foi dividida comigo. Mesmo com uma iguaria especial como aquela, meu furioso apetite não se aquietou. Eu sentia fome, muita fome, o tempo inteiro. Dormir tornou-se meu único alívio, o único momento em que eu não estava pensando em comer, mas meus sonhos eram frequentemente preenchidos por visões de comida.

A reserva de moedas de ouro da nossa família já tinha sido toda gasta, e as economias de meu pai haviam desaparecido. Tudo o que ainda possuíamos para trocar era o último dos ternos de meu pai. Quando chegamos ao máximo do desespero, ele outra vez pediu a seu amigo Wojek, que vivia fora do gueto, para vender o terno no mercado negro. Como antes, após ficar com uma parte, Wojek nos deu as moedas restantes.

Outros judeus estavam em situação melhor do que a nossa. Alguns chegaram ao gueto com dinheiro ou joias que podiam trocar por comida. Uma mulher rica no apartamento em cima do nosso por vezes me pedia para resolver coisinhas para ela. Certo dia, quando voltei ao seu apartamento, ela pegou um pão inteiro e cortou uma grossa fatia para mim como pagamento. Boquiaberto, observei-a espalhar fartas doses de manteiga sobre o pão. Nunca me ocorreu comer sozinho aquele tesouro inesperado. Levei-o diretamente à minha mãe. Ela raspou a manteiga, cortou o pão em fatias mais finas e então espalhou a manteiga em cada pedaço menor. A família inteira compartilhou aquela rara iguaria. Que dia bom foi aquele.

Sem possuir objetos de valor, a única esperança da minha família para defender-se da fome era o trabalho, uma vez que ele significava comida, talvez uma sopa na hora do almoço e um pedacinho de pão para levar para casa. Cada um de nós, porém, dava a contribuição que podia. Tsalig, em troca de comida, continuava a consertar discos de aquecimento e outros itens elétricos. Depois, começou a trabalhar na pequena fábrica de escovas do pai de Miriam, que fazia todo tipo de escova: de garrafas, de sapatos e de esfregões de limpeza. Ele também produzia coisas em casa, ganhando um dinheirinho ou alguma comida em troca de cada item fabricado. Pesza trabalhava na empresa de energia fora do gueto e, de tempos em tempos, trazia pão ou uma ou duas batatas. Minha mãe limpava os escritórios do Conselho Judaico e dos nazistas que tinham escritórios dentro do gueto.

Um dia, meu pai juntou coragem e pediu a Schindler que contratasse meu irmão David, então com quatorze anos, para trabalhar em sua fábrica, e Schindler concordou. Todos os dias papai e David saíam e voltavam juntos, às vezes com pedaços de comida ou uma peça de carvão. Agora, eu ficava entre eles dois toda noite, na esperança de que seus bolsos não estivessem vazios.

Graças a Tsalig, que sempre se preocupava comigo, também comecei a trabalhar para o fabricante de escovas, amarrando cerdas em tábuas para fazer escovas para os alemães. Como eu só tinha doze anos, talvez parecesse jovem demais para trabalhar em tempo integral, mas eu já não me via como criança, e ninguém mais me via assim. Eu precisava contribuir como pudesse para a nossa sobrevivência.

Nossa família falava sobre o futuro ou fazia planos para o caso de a situação piorar? Na verdade, não. Não conseguíamos pensar dois minutos à frente quando toda a nossa energia estava concentrada em chegar ao dia seguinte. Vivíamos sempre o momento, determinados a chegar ilesos ao fim do dia. Eu estava obcecado por achar comida, a ponto de não ter mais tempo nem espaço na cabeça para outros pensamentos. Nosso objetivo era permanecer vivos tempo suficiente para que os alemães perdessem a guerra e fossem embora, derrotados.

Meu pai podia estar aterrorizado, temendo por nossa segurança, mas guardava seus sentimentos escondidos sob uma expressão impenetrável. Ele raramente falava e, em alguns dias, mal demonstrava notar nossa existência. Voltava de um longo dia de trabalho, esvaziava os bolsos de qualquer coisa que tivesse conseguido obter e então desabava na cama. Já o sr. Luftig permanecia alegre, ao menos no semblante. Se tivéssemos um pedaço de carvão no forno, ele se sentava à frente dele e aquecia as mãos, com um dos cachimbos pendurado na boca. Aquele era seu maior prazer, ainda que o cachimbo estivesse vazio. Às vezes, minha mãe rompia o silêncio e dizia o que todos estávamos pensando: "Como vamos sobreviver ao inverno?", perguntava ela repetidas vezes, e a ninguém em particular. "Como vamos sobreviver?" Eu não fazia a menor ideia.

Na fábrica de Schindler, meu pai ouvia dos trabalhadores gentios os rumores a respeito da guerra. Ele juntava informações diferentes para conseguir rastrear os movimentos do exército alemão e especular sobre o que as forças aliadas na Europa, lideradas por Grã-Bretanha, Estados Unidos e União Soviética — que não estava mais do lado da Alemanha —, poderiam estar planejando. Ainda que continuássemos na esperança de os nazistas logo serem derrotados, não conseguíamos sequer imaginar o que aconteceria em seguida. As poucas informações que recebíamos eram com frequência contraditórias.

Em maio de 1942, tivemos nosso primeiro vislumbre dos sofrimentos ainda piores que viriam. Os nazistas anunciaram que um comboio levaria gente do gueto para o campo e nos incentivaram a trocar voluntariamente as condições de superpovoamento e falta de higiene por ar fresco e espaços abertos. Cerca de mil e quinhentos judeus aceitaram, achando que qualquer coisa poderia ser melhor do que o ambiente sórdido em que estávamos. Em junho, porém, os nazistas já tinham deixado de pedir gentilmente voluntários e exigiam que todos os judeus "não essenciais", o que significava sobretudo os mais idosos e os desempregados, saíssem de seus apartamentos e partissem nos comboios. Até ali, os documentos de trabalho de meu pai haviam protegido nossa família da deportação, mas o casal Luftig não teve a mesma sorte. Quase sem sobreaviso, eles receberam ordens para empacotar seus pertences e comparecer à praça principal do gueto. Não houve tempo de ajudá-los a se preparar, nem mesmo para despedidas.

Enquanto acontecia a deportação, corri para baixo, para o apartamento do sapateiro, a fim de ter uma visão ao nível da rua. Muitos de nossos amigos e vizinhos, incluindo alguns dos garotos com quem eu estudara hebraico e assistira às esquetes improvisadas de comédia, caminhavam em silêncio pela rua principal na direção da estação de trem. Do parapeito, procurei o casal Luftig. Por fim, eles passaram, arrastando-se, com suas maletas na mão. Quis acenar, dar-lhes um sinal de coragem, mas fiquei congelado de medo quando vi os guardas alemães marchando ao lado, cutucando-os com rifles. O sr. Luftig olhava direto para a frente, sem demonstrar qualquer emoção. Será que ele tinha me visto pelo canto do olho?

Eu não sabia. Só podia esperar que sim. Pouco a pouco, os Luftig foram sumindo de vista, engolidos por um mar de milhares de pessoas. Fiquei ali, em meu canto na janela, até que o último dos deportados passou. Então, com o coração apertado, subi os degraus até o nosso apartamento.

— Eles se foram — disse, triste, à minha mãe, contando-lhe o que ela já sabia.

— Ele deixou isto para você — respondeu ela, entregando-me uma antiga garrafa térmica com revestimento de vidro. Então, tirei o cobertor que dividia o cômodo em dois e vi que ele tinha deixado outra coisa.

Seus extraordinários cachimbos. Senti um frio na espinha. O sr. Luftig havia julgado que, qualquer que fosse seu destino, seus cachimbos não seriam necessários. Um presságio perturbador.

Uma semana depois, os nazistas deixaram outro trem à espera e começaram a reunir mais judeus. Despejos, diziam eles, não deportações. Dessa vez os deportados não foram em silêncio. Pessoas que fugiram das primeiras deportações tinham furtivamente retornado ao gueto com histórias de trens que entravam num campo repletos de gente e saíam vazios, ainda que a população do campo nunca aumentasse. Quanto mais relatos em primeira mão ouvíamos, melhor percebíamos o que estava acontecendo. Era aterrorizante. Assim, da próxima vez que os nazistas começaram a recolher judeus, irrompeu o caos. Os soldados esbravejavam pelo gueto, exigindo que as pessoas mostrassem os documentos e jogando quem não os tinha nas ruas, repletas de outros infelizes.

Em 8 de junho, soldados alemães adentraram nosso prédio e outra vez arrombaram nossa porta. Eles gritavam *"Schnell! Schnell!"* – *"Rápido! Rápido!"* –, enquanto meu pai, tremendo, mostrava a licença de trabalho. Uma *Blauschein*, uma "folha azul" ou visto da Gestapo, tinha sido acrescentada à sua identidade, e esperávamos que ela novamente nos dispensasse da deportação. Agora que Tsalig tinha dezessete anos, ele precisava de uma *Blauschein* própria. Tragicamente, porém, ele não a possuía. Se tivessem nos dado ao menos alguns minutos de sobreaviso, teríamos encontrado um jeito de esconder Tsalig. Mas era tarde demais. Senti meu sangue virar gelo quando percebi que iam levar meu irmão. Eu queria gritar "*Não!*" e salvá-lo, porém sabia que isso seria suicídio e que estaria colocando em risco as vidas de todos nós. Os soldados prenderam os braços de Tsalig nas costas e levaram-no porta afora. Em um minuto, meu querido irmão havia desaparecido.

Revivi por incontáveis vezes aqueles minutos em minha cabeça. Devíamos estar mais preparados. Devíamos ter escolhido um esconderijo e ter ensaiado a fim de estar prontos para essa situação. Mas a inspeção veio para nós como para tantas outras pessoas do gueto, sem aviso e sem tempo para se preparar ou reagir. Tsalig já estava longe, e ainda nem tínhamos começado a registrar o choque de sua prisão. Setenta anos depois, ainda o vejo em minha mente, sendo levado pelos nazistas.

No filme *A Lista de Schindler*, há uma cena em que Oskar Schindler corre para a estação de trem no intuito de salvar Itzhak Stern, seu contador, que fora preso num desses recolhimentos. Schindler chega à estação bem na hora de gritar o nome de Stern e tirá-lo do trem no instante em que foi dada a partida. O que o filme não mostra é outra cena que Schindler contou a meu pai. Enquanto fazia uma busca frenética por Stern entre os vagões de gado repletos de pessoas, Schindler viu Tsalig e reconheceu o filho de seu funcionário Moshe. Ele gritou e disse que o tiraria do trem, contudo Tsalig estava ali com sua namorada, Miriam. Como ninguém na família de Miriam trabalhava para Schindler, não havia nada que ele pudesse fazer para salvá-la. Tsalig disse a Schindler que não podia deixar Miriam sozinha. Era esse o homem que ele era. Não abandonou a namorada nem mesmo sabendo que isso garantiria sua segurança.

Nos dias que se seguiram, ouvimos dizer que o trem fora para um campo chamado Belzec, em que se dizia que as pessoas eram mortas com gás. Lembro que me perguntei: *Quanto tempo Tsalig vai conseguir prender a respiração na câmara de gás? Será o suficiente para sobreviver?* Tudo o que eu podia fazer era rezar para que de algum modo meu irmão mais querido tivesse sido poupado ou encontrado um jeito de escapar.

SEIS

OUVI UM TIRO E LOGO DEPOIS OUTRO. Senti uma bala passar zunindo ao lado da minha orelha; ela perfurou o muro atrás de mim. Rapidamente me agachei na entrada do porão do prédio mais próximo, o coração palpitando. Soaram mais tiros. Será que algum tinha me acertado? Como eu iria saber? Uma vez me disseram que eu talvez não percebesse caso uma bala me atingisse. Eu só sabia que estava aterrorizado. Esmurrei a porta à minha frente e fiquei esperando. O que ia acontecer agora? Será que o soldado estava recarregando a arma? Será que eu estava na mira dele? A porta se entreabriu uns dois centímetros. Empurrei-a com força e me joguei para dentro, implorando:

— *Prosze, prosze.* — "Por favor, por favor."

— O que você estava fazendo lá fora? — perguntou-me o homem com grosseria ao fechar a porta atrás de mim. Tentei responder, mas as palavras não saíam. Olhei minhas mãos trêmulas. Não havia sangue nelas. Apalpei o peito, as pernas, a cabeça. Eu estava vivo. No fim das contas, não tinha sido atingido. As lágrimas escorriam pelas minhas bochechas.

— Eu estava tentando ajudar — respondi enfim.

Naquela noite, mais cedo, meu amigo Yossel e eu tínhamos levado de maca uma senhora à enfermaria do gueto, mas também havíamos cometido um perigoso equívoco. Esperamos tempo demais com ela na enfermaria antes de voltarmos para casa e ficamos na rua depois do toque de recolher, quando judeu nenhum podia circular. Para chegar ao nosso prédio, tivemos de passar por uma esquina perto de um dos portões do gueto, onde diversos guardas vigiavam. Enquanto corríamos o mais rápido que podíamos até aquela esquina, um dos guardas baixou o rifle e mirou contra nós. Movidos pelo instinto e pelo medo, Yossel e eu fugimos, cada qual para um lado, mal conseguindo escapar dos tiros. O guarda provavelmente perdeu o interesse em nós assim que desaparecemos de vista, porém eu não estava pronto para arriscar minha vida outra vez. Passei a noite com estranhos, encolhido no chão frio, assustado e absolutamente sozinho, feliz por não ter levado um tiro.

Por fim, quando cheguei em casa na manhã seguinte, minha mãe me abraçou bem forte. Na maior parte do tempo ela controlava suas emoções, mas naquela hora estava histérica. A ideia de perder outro filho era demais para ela.

Os comboios tinham levado a maior parte dos habitantes do gueto, incluindo não apenas o casal Luftig e meu irmão Tsalig como também o pai de Samuel e Yossel, o sr. Bircz, que dividira a comida de sua família comigo. O resultado foi que não havia mais problema de espaço, mas outros perigos aumentaram. A fome era avassaladora para todos. Não havia freios para as doenças, que debilitavam, aleijavam e matavam indiscriminadamente. A sensação de vazio era esmagadora. As propinas não protegiam nem as pessoas mais ricas do gueto. Todo mundo tinha perdido uma pessoa querida.

Àquela altura, a sobrevivência era, mais que tudo, uma questão de pura sorte. Aquilo que tinha funcionado a favor de alguém num dia poderia não funcionar no dia seguinte, ou nem mesmo na hora ou no segundo seguinte. Algumas pessoas ainda achavam que eram espertas o bastante para ficar à frente dos nazistas, que eram capazes de sair do labirinto e sobreviver à guerra. Na verdade, não havia nenhum jeito seguro de sobreviver num mundo que tinha se tornado completamente insano.

No fim de outubro de 1942, Schindler ficou sabendo que haveria outro comboio; por isso, começou a mandar os funcionários judeus dormirem na fábrica em vez de voltarem para o gueto. Ele sabia que a frágil licença de trabalho não garantia segurança nenhuma quando os nazistas recolhiam as pessoas. Pesza também passava a noite na fábrica, o que significava que minha mãe e eu ficávamos sozinhos no apartamento. Minha mãe e a sra. Bircz tinham bolado uma estratégia que, esperavam, iria nos proteger. Elas decidiram se esconder à vista de todos, varrendo e limpando o pátio, dando a entender que estavam ocupadas, sendo úteis. Enquanto isso, Yossel e Samuel, os filhos da sra. Bircz, e eu nos esconderíamos no vão de um galpão de armazenamento atrás do nosso prédio. Era bem apertado, porque apenas vinte e cinco centímetros separavam as vigas do telhado.

De manhã, o gueto reverberava com os sons da *Aktion* quando os nazistas iam recolhendo as pessoas: tiros, gritos em alemão, portas batendo e pesados coturnos nas escadas. Minha mãe e a sra. Bircz colocaram seu plano em ação. Logo começaram a varrer o pátio como se suas vidas dependessem daquilo – e de fato dependiam.

Yossel, Samuel e eu nos acomodamos em nosso esconderijo. Quase sem espaço para respirar, meus amigos e eu tentamos permanecer imóveis e em silêncio enquanto esperávamos. Deitado numa viga, eu só conseguia enxergar o piso do galpão lá embaixo. Tudo o que eu podia fazer era ouvir gritos e tiros preenchendo o ar. O som ia ficando cada vez mais alto à medida que os soldados se aproximavam do nosso prédio. Os pastores-alemães usados para caçar gente escondida latiam furiosamente. Seus condutores ignoravam pedidos de misericórdia e matavam sem critério. Tapei meus ouvidos, tentando bloquear os guinchos, choros e gritos de "Por favor!" e "Não!".

De repente, minha mãe apareceu no galpão para nos trazer um bule com água e, depois, voltou para o pátio. Porém, quando os nazistas se aproximaram, alguma espécie de instinto de sobrevivência tomou conta dela. Minha mãe largou o bule e subiu para ficar no vão conosco. Bem apertados uns contra os outros, rezávamos para não sermos descobertos. Então, fomos tomados por uma percepção horripilante. Na pressa de se esconder, minha mãe tinha deixado o bule bem abaixo de nós. Se os nazistas entrassem no galpão, o vissem e ficassem desconfiados, com certeza olhariam para cima e descobririam nosso esconderijo. Ficamos imóveis por muito, muito tempo. Fechei meus olhos, imaginando balas penetrando as vigas e me esburacando. Que alvos mais fáceis nós éramos.

Depois de muitas horas, os gritos pararam. Havia um ou outro tiro, mas os intervalos entre eles iam ficando cada vez mais longos. Parecia que tínhamos escapado do pior. Entretanto, não ousávamos fazer um movimento. Quando escureceu, ouvimos a voz de um homem no pátio dizendo:

— Agora está tudo seguro. Vocês já podem sair.

Os olhos de minha mãe e os meus se encontraram. Ela sussurrou um "não" quase inaudível. Entendi na hora. Poderia ser uma armadilha. Era ali que íamos ficar.

Naquela noite, um frio anestesiante desceu sobre o gueto. Yossel, Samuel, minha mãe e eu ficamos grudados no frio, batendo os dentes. Ficamos acordados, assustados demais para dormir ou para ceder à necessidade de ir ao banheiro.

No dia seguinte, a SS — organização que começara como guarda pessoal de Hitler e crescera, alcançando grande autoridade sobre a "questão judia" — continuou a patrulhar o gueto. Ouvíamos tiros aleatórios, latidos e gritos. O instinto de minha mãe estava certo. A *Aktion* não havia acabado. Mas eu não tinha certeza de que me importava com aquilo. Estava nas últimas. A fome, a sede e o medo tinham me deixado esgotadíssimo. Eu só conseguia pensar naquele bule com água que minha mãe deixara no chão lá embaixo.

Tentei convencê-la de que eu conseguiria descer correndo, pegá-lo e trazê-lo para cima sem ser visto, mas ela não queria nem ouvir falar. Tremendo de frio e de medo, nós quatro ficamos em nosso apertado refúgio até o pôr do sol. As horas pareciam intermináveis. Finalmente ouvimos outra voz no pátio.

— Chanah Leyson — gritou um homem. — Venho em nome de Moshe Leyson.

Assustados, despertamos do nosso estado semiconsciente. Procurei os olhos de minha mãe. Ela não tinha certeza do que fazer.

— Chanah Leyson está aqui? — perguntou de novo o homem. — Trabalho na fábrica com Moshe, seu marido.

Tranquilizada por ouvir duas vezes o nome de meu pai, minha mãe acenou para mim com a cabeça e, por fim, após quase dois dias inteiros, pulamos das vigas. A dor subiu-me pelas pernas quando cheguei ao chão. Agarrei o bule e dei alguns goles d'água antes de passá-lo a Yossel e Samuel. Enrijecidos e doloridos, nós quatro saímos do nosso refúgio exaustos, mas gratos por ainda estarmos vivos.

Com a voz rouca e fraca, minha mãe respondeu ao homem.

— Aqui — gritou. — Chanah Leyson sou eu.

Ela e o homem conversaram em voz baixa, enquanto meus amigos e eu, nervosos, percorríamos o pátio deserto com o olhar. Estaríamos mesmo seguros? Será que éramos os únicos ainda vivos?

Sem dizer uma palavra, Yossel e Samuel correram para dentro do nosso prédio para procurar a mãe deles. O apartamento estava vazio; a mãe deles não estava em lugar algum. Ela tinha sido recolhida pelos nazistas. Yossel e Samuel agora dependiam apenas de si mesmos. Eles não eram os únicos meninos que precisavam se virar por conta própria no gueto. Claro que os adultos os ajudavam de muitas maneiras, mas basicamente os meninos sabiam que a melhor coisa que poderiam fazer para sobreviver era atrair para si o mínimo de atenção.

Tarde da noite, meu pai, David e Pesza voltaram ao apartamento com pedaços de pão nos bolsos. Fui direto pegando a comida, antes mesmo de abraçá-los. Contudo, forcei-me a parar a fim de que todos pudéssemos dividir os escassos pedaços. Meu pai nos deu as últimas notícias. Ele, David e Pesza tinham recebido ordens para comparecer imediatamente ao campo de trabalho de Plaszów, a cerca de quatro quilômetros do gueto. Pela primeira vez desde que nossa família fora forçada a viver ali, havia cerca de um ano e meio, os cinco de nós que ainda estavam juntos seriam separados.

À medida que a população do gueto ia diminuindo, as autoridades começaram a reorganizar aqueles que restavam. Em dezembro, minha mãe e eu fomos transferidos do Gueto B, onde morávamos, para o Gueto A, então designado para os trabalhadores. Uma cerca de arame farpado foi erguida, dividindo as duas áreas do gueto. Então, a realocação começou. Recebemos ordens para levar somente o que conseguíssemos carregar e para encontrar um lugar para morarmos no Gueto A.

Sem um instante de hesitação, peguei o precioso presente de despedida que o sr. Luftig tinha deixado para mim: sua garrafa térmica. Levei também um casaco e um cobertor. Partiu-me o coração ter de abandonar os estimados cachimbos do sr. Luftig. Antes de deixarmos o apartamento, minha mãe me pediu que a ajudasse a arrastar os móveis que não tínhamos usado como combustível até a varanda a fim de jogá-los pela janela. O armário, a mesa e as cadeiras estilhaçaram-se ao bater contra o concreto do pátio. Minha mãe decidira que, fazendo isso, não deixaria nada de valioso ou de útil para o inimigo. Mais uma vez, fiquei impressionado com sua esperteza e coragem. Era tão bom fazer algo contra os nazistas, mesmo que a única coisa que pudéssemos fazer fosse destruir nossos próprios pertences.

Minha mãe esperou até o último minuto para cruzar para o Gueto A, correndo até o nosso prédio uma última vez para buscar uma panela, que enrolou num lençol. Eu mal conseguia acreditar que ela fosse correr todo aquele risco por uma mera panela, mas voltar proporcionou-lhe mais uma oportunidade de observar a cozinha e aquilo que tinha sido nossa casa.

De início, foi difícil encontrar lugar para ficarmos no Gueto A. Uma porta atrás de outra se fechava antes de chegarmos. Todos os apartamentos estavam lotados. Acabamos achando dois lugares num porão. Espremeno-nos com outros trabalhadores realocados do Gueto B, dormindo em fileiras no chão. Minha mãe e eu compartilhávamos o mesmo cobertor. Nossa situação de agora dava ares de mansão a nosso cômodo dividido com o casal Luftig.

De algum modo, naquelas terríveis circunstâncias, minha mãe e eu encontramos força de vontade para perseverar. Tínhamos de seguir em frente, um pelo outro. Todas as manhãs, ela ia para seu trabalho de limpeza e eu ia para a fábrica de escovas. Quando nos despedíamos, eu me perguntava se aquela seria a última vez. Sempre que eu voltava do trabalho e a encontrava ali, me esperando, sentia que ainda havia esperanças. Rezávamos toda noite para que meu pai, David e Pesza estivessem em segurança, para que Hershel e o restante de nossa família ainda estivesse a salvo em Narewka e para que Tsalig tivesse de algum jeito escapado e encontrado um esconderijo seguro.

Então, em março de 1943, os nazistas acabaram com o gueto inteiro. Todos os remanescentes seriam enviados para Plaszów. Ao menos era o que diziam. Com toda sinceridade, eu estava feliz por ir embora, achando que minha família seria outra vez reunida. Eu não tinha ideia do que era Plaszów. Sentia uma ingênua confiança, achando que, por ter um emprego de verdade, isso me protegeria. No dia em que deveríamos ser transferidos, os alemães nos mandaram fazer filas de acordo com nosso trabalho. Minha mãe ficou com as mulheres da limpeza; eu fiquei com meu grupo da fábrica de escovas. Vi minha mãe passar pelo portão sem incidentes. Quando chegou minha vez, um guarda me puxou para fora da fila. Ele obviamente achava que eu era novo e franzino demais para servir para alguma coisa.

— Você vai mais tarde — disse, dirigindo-me para um grupo de outras crianças reunidas ao lado, fora das formações. Minha licença de trabalho era inútil.

Encontrei meus amigos Yossel e Samuel já ali. No caos da nossa mudança para o Gueto A, eu os tinha perdido de vista. Eles haviam conseguido sobreviver sozinhos sem os pais, mas agora estávamos todos presos no limbo. Eles sussurraram para mim:

— Vamos nos esconder como fizemos da outra vez. Você devia vir com a gente.

Pensei em ir com eles e voltar para nosso estreito esconderijo nas vigas do galpão, contudo algo me impediu. Não sei por que senti um impulso tão forte, mas eu sabia que precisava estar com minha mãe. Ela e eu tínhamos passado por tanta coisa juntos. Ela era minha força, e eu, a dela. Então, disse a Yossel e Samuel:

— Vou tentar uma coisa diferente.

Vi outro grupo de trabalhadores e tentei misturar-me a suas fileiras. Mais uma vez, eu me aproximei do portão do gueto. E de novo, quando cheguei perto, o mesmo guarda me notou e me tirou dali, empurrando-me para longe do grupo que estava partindo. Ainda que eu soubesse que era arriscado, fiquei vagando o mais perto possível dos portões, aguardando um momento em que pudesse atravessá-los. O guarda, enfim, foi chamado para outro lugar. Vi minha oportunidade e me juntei a outro grupo. Com um nó na garganta, segui em frente, cada vez mais perto da saída, esperando desesperadamente que o guarda não voltasse. Quando cheguei ao portão, dois oficiais acenaram para que eu passasse, e agora eu estava entre aqueles que iam para Plaszów. Meu coração palpitava. Tudo o que eu queria era ver minha família de novo, não importando qual fosse a situação.

Quando saí do gueto, com seus muros coroados de lápides, e andei pelas ruas de Cracóvia, fiquei perplexo ao ver que a vida parecia idêntica à que eu conhecera antes de entrar lá. Era como se eu estivesse numa viagem no tempo... ou como se o gueto ficasse em outro planeta. Eu olhava as pessoas limpas e bem-vestidas, ocupadas, indo de um lugar a outro. Todas pareciam tão normais e tão felizes. Será que não sabiam o que estávamos sofrendo a apenas alguns quarteirões de distância? Como poderiam *não* saber? Como poderiam não fazer nada para nos ajudar? Um bonde parou, e os passageiros embarcaram, ignorando nossa presença. Eles não mostravam nenhum interesse em quem éramos, para onde estávamos indo ou por quê. Era simplesmente incompreensível que nossa miséria, nosso confinamento e nossa dor fossem irrelevantes para suas vidas.

Quando nos aproximamos do campo de Plaszów um pouco depois, eu ainda estava radiante por ter conseguido sair do gueto. Tudo o que me importava agora era que eu estaria outra vez com minha família. Ao entrar no caos de Plaszów, vi diante de mim um mundo muito pior do que eu jamais poderia ter imaginado, muito pior do que eu jamais tinha julgado possível. Atravessar aquele portão foi como chegar ao último círculo do inferno.

SETE

MINHA PRIMEIRA IMPRESSÃO DE PLASZÓW como inferno na terra nunca mudou. Bastou um olhar para ver que aquele lugar era estranho demais. Não importava quão difícil parecesse a vida no gueto: ao menos aparentemente, o mundo parecia familiar. Sim, estávamos enlatados como sardinhas em pouquíssimos cômodos, mas eles ficavam em prédios normais de apartamentos. Havia ruas e calçadas e os sons de uma cidade além dos muros.

Plaszów era outro mundo. Tinha sido construído em cima de dois cemitérios judeus que os nazistas profanaram e destruíram. Era estéril, triste, caótico. Pedras, lama, arame farpado, cães ferozes, guardas ameaçadores e fileiras e mais fileiras de barracões que se estendiam até onde eu conseguia enxergar. Centenas de prisioneiros em roupas esfarrapadas corriam de uma tarefa para outra, ameaçados por guardas ucranianos e alemães armados. No momento em que atravessei o portão de Plaszów, me convenci de que nunca sairia vivo dali.

Imediatamente os guardas dividiram nosso grupo por sexo. Arrastei os pés até o barracão que me fora designado do lado masculino do campo. As esperanças de encontrar minha família quase desapareceram quando descobri que ficaria ali por tempo indefinido. Eu não tinha ideia de onde meu pai e David poderiam estar. Tendo apenas minha preciosa garrafa térmica, meu legado do sr. Luftig, e meu cobertor, rastejei-me para um estreito beliche de madeira e me deitei. Faminto, mas sem perspectiva de comer, num cômodo apertado e repleto de estranhos, tive a felicidade de mergulhar bem rápido na quietude do sono.

Logo luzes piscaram. Apesar de ainda estar um breu do lado de fora, os guardas batiam com bastões nos beliches e gritavam conosco:

— *Steh auf! Steh auf!* — "De pé! De pé!"

Era hora de nos reunirmos para receber nossas tarefas. Meio adormecido, desci do beliche e me juntei ao meu grupo e a incontáveis fileiras de prisioneiros de outros barracões. Ficávamos no escuro e no frio por horas; éramos contados, recontados, sofríamos abusos aleatórios — verbais, físicos ou ambos — e ameaças, éramos outra vez contados e, finalmente, nos mandavam trabalhar. Tratava-se de um trabalho ao mesmo tempo braçal e perigoso. Na maior parte dos dias, eu carregava lenha, pedras e lama para construir mais barracões. No fim, recebíamos uma mísera porção de sopa aguada. Então, eu retornava para meu beliche no barracão para mais algumas horas de sono inquieto antes de recomeçar o mesmo tormento na manhã seguinte.

O cômodo em que eu dormia era tão lotado que, se eu saísse para usar a latrina, perderia o lugar. Quando voltava, tinha de retomar meu espaço com cotoveladas. Uma noite, quando outra vez desabei no beliche, vi que meu cobertor havia sumido. Idiota, eu o tinha deixado ali, e outro prisioneiro, talvez com mais frio e mais desespero do que eu, o levara. Só me restava envolver-me em meus próprios braços, pensar no abraço da minha mãe e fazer força para dormir.

Foi então que o milagre aconteceu. Alguns dos homens que tinham começado a cuidar de mim me informaram o lugar que fora reservado para os judeus de Schindler. Decidi procurar por meu pai e David até encontrá-los. Essa não foi uma decisão fácil. Eu tinha de estar alerta a cada momento. Se eu fosse pego, poderia ser morto, mas o desejo de ver meu pai e meu irmão era maior que a razão. Fraco como estava, saí, sorrateiro, determinado a encontrar meu pai e meu irmão. Por fim, totalmente exausto, quando achei que teria de abandonar minha busca, abri só mais uma porta.

Lá estavam eles.

Nunca tinha achado meu pai ou meu irmão bonitos, mas naquele momento eles eram as pessoas mais belas que eu jamais havia visto.

Quando me reconheceram, ficaram tão empolgados quanto eu, mal ousando acreditar que eu conseguira sair do gueto.

— Achávamos que você tinha sido deportado — disse David.

Enquanto ele falava, eu via a dor e o desespero nos olhos do meu pai ao perceber quão fraco e esquálido eu estava. Conversamos em sussurros por alguns minutos nervosos. Quando saí, meu pai me prometeu que pediria a Schindler para me contratar. Enquanto isso, advertiu-me para ficar no lugar reservado para mim e evitar atrair qualquer atenção.

Mais ou menos uma semana depois, eu havia aprendido o suficiente a respeito da disposição do campo para ter uma ideia de onde estava minha mãe. Plaszów com frequência era um caos, pois as construções continuavam e novos prisioneiros chegavam todos os dias. Uma tarde, aproveitei o pandemônio para me esgueirar pela seção feminina e encontrar minha mãe. Eu era tão pequenino e magro, e meu cabelo estava tão comprido e desgrenhado, que podia ser confundido com uma menina — eu sabia que seria severamente punido se fosse descoberto. Todavia, o perigo teria valido a pena se eu encontrasse minha mãe. Admito que naquele dia tive sorte. Sem virar muito nos lugares errados, achei o barracão dela. Minha mãe estava deitada em seu beliche. Quando me viu, ela não conseguiu acreditar. Contudo, para minha decepção, ela parecia mais assustada do que feliz.

— Como você chegou aqui? — perguntou.

Antes que eu respondesse e dissesse a ela que tinha encontrado meu pai e meu irmão, ela falou:

— Você não pode ficar aqui. Precisa ir embora.

Ela não conseguia segurar as lágrimas ao pronunciar as palavras que me afastariam dela. No último instante, pôs a mão na pilha de trapos sobre o beliche em que dormia e pegou um pedaço de pão seco do tamanho de uma noz. Aquilo era tudo que minha mãe tinha para me dar no mundo inteiro, o melhor que ela podia fazer. Tenho certeza de que aquela era a única comida que ela possuía. Ela me abraçou por alguns segundos inestimáveis, apertou o pão na minha mão e me empurrou porta afora. Partiu meu coração abandoná-la, e partiu o dela me mandar embora.

Se naquele momento eu soubesse que não a veria de novo o ano inteiro, provavelmente não a teria deixado. Se eu tivesse ficado, nós dois — e talvez outros no barracão — poderíamos ter pagado com nossas vidas.

Era terrível estar sozinho sem meus pais, sem saber onde estavam Tsalig e Hershel ou mesmo se eles ainda estavam vivos. À noite, sobretudo, eu tentava me lembrar de seus rostos. Eu dizia a mim mesmo que eles estavam pensando em mim quando eu pensava neles. Em nossos corações e mentes estávamos juntos. Mas essa ideia não bastava para me confortar. Tudo o que eu podia fazer era seguir adiante, na esperança de que meu pai de algum modo encontrasse um jeito para que eu ficasse com ele. Enquanto isso, eu fazia o que mandavam. Certos dias, carregava lenha ou pedras; outras vezes, quebrava rochas até obter cascalho ou desenterrava lápides que os nazistas então usavam para pavimentar as estradas. Era um trabalho exaustivo e arriscado, e um único passo em falso podia significar a morte.

Um dia, enquanto eu carregava uma enorme pedra, escorreguei numa lápide quebrada e sofri um corte profundo na perna. Tive de ir à enfermaria do campo para fazer um curativo. Depois soube que o comandante de Plaszów, o capitão – Hauptsturmführer – da SS Amon Goeth, entrou na enfermaria pouco depois que eu saí e atirou em todos os pacientes. Ele disparou contra cada um simplesmente porque estava com vontade. Se eu tivesse ficado ali só mais uns minutos, teria sido executado junto com os outros. Quando soube o que havia acontecido, prometi a mim mesmo que, não importando o que acontecesse, eu nunca mais voltaria lá.

Evitar a enfermaria não significava escapar da rede de crueldade que Amon Goeth lançava sobre o campo. Quando meu grupamento de trabalho passava por homens de outros grupos, eu ouvia a troca de sussurros que fazia a contabilidade das baixas provocadas por Goeth e seus capangas, como se fosse o resultado de um jogo de futebol.

— Qual o placar de hoje? — perguntava alguém.
— Judeus doze, nazistas zero. — Os nazistas mortos eram sempre zero.

Quando começou o verão de 1943, a ira de Goeth ficou mais intensa. Eu tinha recebido ordens para tirar a neve com um grupo de homens. Sem roupas de inverno, minhas mãos estavam tão congeladas que eu mal conseguia segurar a pá. De repente, o Hauptsturmführer Goeth apareceu e, num capricho, exigiu que os guardas dessem vinte e cinco chibatadas em cada um de nós com atrozes chicotes de couro. Nenhum de nós conseguia entender a provocação, mas isso não importava. Como comandante, Goeth poderia fazer o que quisesse, com ou sem razão. Ele parecia adorar atormentar os indefesos. Ficou observando um pouco o espetáculo e concluiu que as chibatadas estavam lentas demais, então mandou os guardas trazerem mesas longas e alinhar-nos em fileiras de quatro. Junto a três homens com o dobro do meu tamanho e da minha idade, fui receber o castigo. Os chicotes tinham bolinhas na ponta, intensificando a dor e o estrago. Recebemos ordens para contar as chibatadas enquanto éramos chicoteados. Se a dor nos vencesse e errássemos um número, os guardas recomeçavam a contagem.

Apoiei-me na mesa e esperei o primeiro golpe. Quando ele veio, parecia que alguém estava me abrindo com faca.

— Um — gritei quando o chicote estalou.

Minha reação instintiva foi cobrir as costas antes do golpe seguinte, e assim a segunda chibatada acertou minhas mãos.

— Dois — consegui bufar. — Três. Quatro. — Ainda que eu estivesse anestesiado pelo frio, a dor ardia pelo meu corpo todas as vezes, como se eu estivesse sendo marcado a ferro.

— Doze, treze, quatorze.

Será que aquela tortura nunca ia acabar? Eu sabia que tinha de resistir e não perder a contagem para que ela não recomeçasse do zero. Sabia que não sobreviveria a mais uma rodada completa. Depois de vinte e cinco chibatadas, saí cambaleando e, de algum jeito, consegui, aos tropeções, voltar com os outros para o trabalho. Minhas pernas e minhas nádegas latejavam. Elas ficaram pretas e azuis por meses, e sentar era uma tortura.

Movido pela dor e pela desolação, naquela noite corri o risco de apanhar mais ou de sofrer coisa pior por ir ao barracão de meu pai. Eu simplesmente precisava vê-lo e contar-lhe o que tinha acontecido. Antes que eu conseguisse dizer qualquer coisa, comecei a chorar. Tentando ficar firme, sem nem ter completado quinze anos ainda, eu havia sucumbido afinal. Precisava desesperadamente da compaixão dele, porém ele não me deu apoio algum. Não demonstrou uma nesga de emoção quando cheguei ou quando enfim contei o que acontecera. Em vez disso, ficou em silêncio, o rosto endurecido e as mandíbulas cerradas. Talvez o que ele estivesse sentindo fosse alívio, porque, não importando quanto aquilo me tivesse feito mal, eu sobrevivera à brutalidade de Goeth. Talvez sua raiva e sua tristeza fossem tão grandes que ele temia ter um colapso se tentasse me consolar. O que quer que tenha sentido, não compartilhou. Abandonado, sentindo-me totalmente desamparado, voltei para meu barracão. Deitado no beliche, ouvi os homens repassarem o placar do dia: judeus vinte, nazistas zero. Abatido, tirei alguns piolhos do meu suéter, mas desisti de tentar pegá-los. Eu não ligava mais. Os piolhos rastejavam pelo meu cabelo e por minhas roupas quando enfim caí no sono.

Os dias horripilantes passaram a seguir uma rotina. Éramos acordados antes do amanhecer pelo som de portas batendo e por ordens esbravejadas. Reuníamo-nos em grupos de acordo com o número de nosso barracão e éramos contados e recontados enquanto guardas cruéis e de pavio curto nos espezinhavam. Então, éramos separados em grupos para o trabalho do dia. Às vezes, deixávamos o campo para quebrar o gelo, tirar a neve ou trabalhar nas estradas. Só recebíamos comida quando o dia de trabalho terminava. Depois disso, vinha uma enorme panela, e corríamos para pegar nossas indispensáveis tigelas e colheres. A refeição nunca variava: água quente com um pouco de sal ou pimenta e, com sorte, pedaços de casca de batata e lascas de outros vegetais. Os homens que serviam a sopa também eram prisioneiros e, às vezes, algum deles, com pena de mim, remexia o fundo da panela e colocava um pedaço de batata de verdade na minha tigela. Aquilo tornava o dia extraordinário. Depois da refeição ficávamos nos beliches, tentando reunir forças para o dia seguinte.

Do outro lado das cercas de arame farpado em volta do campo, de vez em quando eu conseguia enxergar os filhos dos oficiais alemães exibindo-se de um lado para outro, usando seus uniformes da Juventude Hitlerista e entoando canções de louvor ao

Führer Adolf Hitler. Eles, tão exuberantes, tão cheios de vida, e eu, a poucos metros de distância, exausto e deprimido, lutando para sobreviver por mais um dia. Apenas a espessura do arame farpado separava a minha vida no inferno de suas vidas de liberdade, mas nós bem poderíamos estar em planetas distintos. Eu não conseguia entender de jeito nenhum a injustiça daquilo tudo.

Conforme os meses se arrastavam, eu me desesperava. Não ousava me arriscar a tentar ver meu pai ou minha mãe de novo, não porque temesse por mim, e sim porque temia o castigo que eles sofreriam se eu fosse descoberto em seus barracões. Minha primeira impressão de Plaszów, de que eu nunca sairia dali vivo, era reforçada todos os dias. Eu achava que a qualquer momento minha sorte acabaria e eu seria morto, ou por Goeth ou por um de seus cúmplices. Eu seria apenas um número no placar do dia.

Goeth era um homem corpulento que sorria com um desdém arrogante e andava como um valentão. Seu olhar congelante me assombrava e preenchia não só minhas horas de vigília como também meus pesadelos. Mesmo quando ele não estava por perto, eu sentia seus olhos sobre mim.

Durante o dia, de tempos em tempos, eu via meu irmão ou meu pai a distância, indo de um trabalho para outro, e aquela breve visão me dava um tiquinho de esperança. Todavia, logo essa esperança se esvaía.

Embora Schindler não tivesse me contratado, tive um pouco de sorte. A fábrica de escovas em que eu havia trabalhado no gueto fora realocada para Plaszów, e fui designado para o turno da noite, com doze horas de duração. Fiquei aliviado por ter um emprego estável e um lugar para ir oficialmente. Ficar ocioso ou aguardar trabalhos aleatórios só servia para atrair problemas.

O trabalho na fábrica de escovas também significava que eu poderia ficar do lado de dentro, onde era mais quente, em vez de ficar ao ar livre partindo gelo ou removendo neve. Mas a fábrica de escovas também tinha seus horrores. Uma vez, enquanto eu trabalhava, um guarda resolveu cismar comigo. Eu tinha sido promovido: parei de colar as cerdas e passei a atar com grampos as metades de madeira da escova. O serviço era meticuloso e difícil, no entanto eu levava jeito. O guarda me viu trabalhando e apontou uma arma para minha cabeça:

— Se o próximo grampo sair torto, vou lhe dar um tiro.

Não parei nem olhei para ele. Só continuei trabalhando e juntei as metades com o grampo. Com cuidado, ofereci o produto finalizado para que ele inspecionasse. O grampo estava no lugar certo. Ele se afastou, e eu continuei como se nada tivesse acontecido. De algum modo, não sei como, mantive minhas emoções sob controle.

Algumas noites depois, Amon Goeth irrompeu na fábrica com seus dois cães, Ralf e Rolf, e uma tropa de paus-mandados. Entediado e provavelmente bêbado, puxou a arma do coldre e atirou no capataz — apenas atirou nele, à queima-roupa, sem qualquer razão. Enquanto o capataz se contorcia no chão e o sangue formava uma poça em volta de sua cabeça, Goeth voltou a atenção para nós.

Sacudindo a arma, gritou uma ordem para seus homens, que nos dividiram em dois grupos. De algum modo entendi que essa separação não era bom sinal. Como era de se esperar, fiquei outra vez do lado errado. Fui mandado para um grupo de crianças e de trabalhadores mais idosos. Em outras palavras, para o grupo considerado dispensável. Goeth e seus homens marchavam de um lado para outro, debatendo sobre algo que eu não conseguia ouvir. Quando se viraram de costas, prendi a respiração e me esgueirei para o outro grupo, composto de trabalhadores mais fortes. Se Goeth tivesse visto, com certeza teria atirado em mim e encerrado minha vida de um jeito ainda pior. Logo, não faria diferença o grupo em que eu estava. Após alguns minutos, Goeth perdeu o interesse. Guardou a arma e saiu da fábrica tão abruptamente quanto tinha entrado. Seus dois cães seguiram-no porta afora. Ficamos em nossos grupos por mais meia hora, assustados demais para nos mover. Enfim, um dos guardas nos mandou ir para os barracões. Ao chegar ali, muitos homens não resistiram e começaram a chorar, percebendo o quão perto haviam chegado da morte. Dessa vez não chorei. Eu tinha me tornado indiferente ao que pudesse me acontecer, ao que quer que o destino reservasse para mim.

No fim de 1943, Schindler bajulou e subornou Goeth e outros líderes da SS para obter a permissão de construir um subcampo na propriedade ao lado da Emalia. Ele disse que seria muito mais eficiente ter os trabalhadores a poucos passos da fábrica, sem perder o precioso tempo de andar os quatro quilômetros que a separavam do campo. As horas perdidas fazendo filas e indo e voltando a pé da fábrica a Plaszów teriam melhor uso na produção de bens e na geração de lucro. O subcampo de Schindler foi construído, e, na primavera de 1944, meu pai e David mudaram-se para lá. Fiquei sabendo pelo campo mesmo que Pesza também tinha sido enviada para um subcampo similar na propriedade da empresa de energia em que trabalhava. Mais uma vez, minha mãe e eu estávamos sós, como ficáramos no gueto, só que agora era bem pior — em parte porque eu estava separado dela, em parte porque aquele lugar era tão terrível e perigoso. Caí num desespero ainda mais profundo.

Quando surgiu no campo a notícia de que Schindler planejava acrescentar trinta judeus à força de trabalho, não pensei nada a respeito. Porém, soube alguns dias depois que tinha sido feita uma lista e que meu nome estava nela, assim como o de minha mãe. Eu não conseguia acreditar. Parecia bom demais para ser verdade. Após um ano de tentativas, será que meu pai enfim conseguira nos colocar na fábrica de Schindler?

Contei os dias que faltavam para irmos embora. Ao finalmente enxergar uma saída do inferno de Plaszów, senti-me mais forte na alma, se não no corpo. Ainda bem que minha alma deu a meu corpo força para continuar. No dia anterior ao programado para a transferência, veio um golpe esmagador. Meu supervisor na fábrica de escovas disse que meu nome tinha sido retirado da lista de transferências. Eu ficaria em meu trabalho atual em Plaszów. Não há palavras para expressar o absoluto terror que senti. Tendo recebido um fiozinho de esperança, perdê-la era pior do que nunca ter tido nenhuma. Eu sabia que não sobreviveria a mais um mês em Plaszów, muito menos a mais um ano. Sempre faminto e amedrontado, eu me abaixava ao menor som ou movimento. O que poderia fazer? Como poderia continuar? No dia em que os novos "judeus de Schindler" partiriam para o subcampo, fugi do meu trabalho na fábrica de escovas para me despedir de minha mãe. Foi um milagre que ninguém tenha me parado enquanto eu atravessava o campo para chegar aos portões onde aqueles que estavam indo para o subcampo se reuniram. Cheguei mais perto, dizendo a mim mesmo que precisava fazer algo. Eu não podia deixar aquela última oportunidade desaparecer. Não havia futuro para mim em Plaszów. Tanto fazia morrer tentando encontrar minha mãe. Meus últimos passos me colocaram na frente do oficial alemão encarregado da transferência. Meus olhos estavam no mesmo nível da enorme fivela de seu cinto, onde havia uma imensa suástica nazista. Tenho certeza de que aquele homem era um dos que andavam pelo campo atirando nas pessoas, ou por ordem de Goeth, ou somente para o próprio e perverso entretenimento. Engoli em seco e apresentei meu caso a ele, falando alemão.

— Estou na lista — disse —, mas alguém tirou meu nome.

O homem não respondeu.

Num esforço para reforçar minha posição, prossegui:

— Minha mãe está na lista.

O que me deu a audácia de falar com aquele oficial como se ele fosse uma pessoa capaz de ser sensata, nunca saberei.

E, como se aquilo não bastasse, acrescentei:

— Meu pai e meu irmão já estão lá.

Eu não podia ter arriscado mais a minha vida.

Esperei. Cada segundo de agonia era sucedido por outro enquanto o oficial parecia considerar o que fazer comigo. Tive sorte por ele ser capaz de pensar e por não ter pegado a arma e me dado um tiro, resolvendo num segundo o dilema que aquele garotinho judeu lhe apresentava. Fez um gesto para que seu assistente trouxesse a lista. Apontei meu nome riscado.

— Pode ver meu nome aqui — disse-lhe.

O oficial me examinou, rosnou alguma coisa e fez um gesto para que eu me juntasse ao grupo de trabalhadores de saída para o subcampo de Schindler.

Por alguma razão misteriosa, ele respondeu como se me visse como um ser humano normal que fazia um pedido razoável. Será que teve piedade de mim, um menino separado da família? Será que viu um de seus próprios filhos em mim? Será que era apenas um burocrata que não gostava do fato de que um nome tinha sido riscado sem sua permissão oficial? Não há como saber. Gente como ele podia fazer o que quisesse, mostrar misericórdia ou não.

Com as pernas tremendo, me juntei depressa ao grupo e encontrei minha mãe. Ela estava de pé, perto da primeira fila, olhando direto para a frente como lhe fora ordenado, sem ter qualquer conhecimento do que causava o atraso na retaguarda do grupo. Ela mal conseguiu conter sua alegria quando apareci a seu lado e dei-lhe a mão. De algum jeito conseguimos ficar de pé em silêncio, quase sem respirar, sem querer atrair a atenção para nós. Esperamos aquilo que pareceu uma eternidade até o portão se abrir. Por fim, o grupo começou a andar, e ousei pensar que minha temporada no inferno enfim estivesse encerrada.

OITO

MAIS UMA VEZ EU ANDAVA ESTUPEFATO POR Cracóvia, agora sem conseguir acreditar na minha sorte. Será que eu tinha *realmente* fugido de Plaszów? Será que estava mesmo ao lado de minha mãe? Será que de fato nos reuniríamos a meu pai e meu irmão? Todas essas perguntas e várias outras percorriam minha mente enquanto nosso grupo de trinta pessoas se aproximava da fábrica Emalia. Mantive a cabeça baixa, os olhos fixos no chão. Sentia um terror petrificante de que, quando chegássemos ao subcampo da Emalia, Goeth estaria ali e me mandaria de volta para Plaszów. Convenci-me de que, se eu não olhasse para ninguém, não haveria quem notasse a minha existência. A experiência tinha me ensinado que a invisibilidade era o mais próximo que eu conseguiria chegar da segurança. Enquanto minha mãe e eu andávamos juntos, eu imaginava meus amigos gentios por perto, ainda frequentando a escola, brincando no bonde, mas não levantei os olhos para conferir.

Vi a fábrica de Schindler à nossa frente. Enquanto nos aproximávamos, fiquei tenso e apertei firme a mão de minha mãe. O que eu via não era o prédio genérico de fábrica da época em que meu pai trabalhou ali pela primeira vez. Envolto por uma cerca elétrica, com imponentes portões de metal, a Emalia agora tinha uma aparência sinistra. Guardas da SS, tão assustadores quanto o oficial que recentemente rosnara para que eu me juntasse ao grupo de Schindler, ficavam de vigia na entrada. Por alguns momentos, tive medo de que minha vida ali não fosse nem um pouco diferente do que havia sido em Plaszów.

Contudo, uma vez que cruzamos a entrada, meus ânimos melhoraram. O lado de fora da fábrica era uma fachada para apaziguar os nazistas. Dentro, a atmosfera era bem diversa. Como em Plaszów, os homens e as mulheres ficavam em barracões diferentes, mas, ao contrário do campo, tínhamos permissão para visitar uns aos outros. Os guardas da SS não podiam entrar em barracão algum sem o aval de Schindler. A comida era um pouquinho melhor — ao meio-dia, uma tigela de sopa de verdade, talvez um pedaço de algum vegetal, e, no fim do turno da noite, pão com margarina. De jeito nenhum aquelas diminutas refeições bastavam para satisfazer minha fome, no entanto, eram mais do que eu recebera em Plaszów, mais do que eu tinha comido em quase dois anos.

Logo depois de chegar ao subcampo, David e meu pai encontraram a mim e a minha mãe. Corremos para nos abraçar. Naquele instante, nos olhos de meu pai, vi uma ponta de seu antigo orgulho. Ele havia conseguido reunir cinco de nós e manter-nos vivos, ao menos por ora.

— Você vai trabalhar com David e comigo — informou-me com grande autoridade.

Fiquei olhando meu irmão, que eu vira de relance apenas algumas vezes em dois anos. Ele agora tinha dezesseis anos e quase a mesma altura de meu pai, mas suas bochechas estavam murchas, e suas roupas pendiam, largas, sobre a esquelética silhueta.

— Vai ficar tudo bem com você — tranquilizou-me David.

Enfim, minha mãe e meu pai podiam voltar a falar diretamente um com o outro. Suas conversas sussurradas eram breves, porém reconfortantes. Papai também compartilhava comigo suas melhores notícias. Pesza estava viva. Ele trocava mensagens com ela por meio de um contato na empresa de energia, mas ainda não havia notícia nenhuma de Hershel, nem de nossos outros parentes em Narewka. De Tsalig também não se sabia nada.

— Ele pode estar por aí — falei certa vez a meu pai, minha voz sumindo conforme me dava conta da improbabilidade daquilo. Meu pai não disse uma palavra.

Recebi permissão para ficar no mesmo barracão que meu pai e meu irmão. O isolamento e a solidão terríveis que tinham me perseguido agora estavam longe. Nós três dividíamos um beliche; David e eu ficávamos em cima, e meu pai, embaixo. A fábrica da Emalia funcionava vinte e quatro horas por dia, com uma maioria de não judeus no turno diurno e os judeus de Schindler no noturno. O empresário tinha expandido seu negócio para além da produção de potes e panelas e passado a fabricar material de guerra. Meu irmão e eu trabalhávamos à noite numa máquina que fazia revestimentos para os detonadores das bombas. Nossos turnos eram de doze horas, sem intervalos para refeições. Às vezes, eu lutava para ficar acordado fazendo aquele trabalho repetitivo. Se parecesse que eu ia cair no sono, David me cutucava, e vice-versa. No raiar do dia, eu comia a minha porção de pão, voltava para o barracão e caía no beliche, exausto.

Foi no "turno judeu", como o turno da noite veio a ser chamado, que conheci Schindler pessoalmente. Eu já tinha ouvido muitas histórias sobre as festanças que ele dava nos escritórios do segundo andar da fábrica, que iam madrugada adentro. Agora, em minha estação de trabalho, eu conseguia ouvir os risos e a música. Depois das celebrações, Schindler ainda tinha forças para inspecionar a fábrica. Quando ele entrava em nossa área de trabalho, eu sentia o cheiro de seus cigarros e de seu perfume antes mesmo de vê-lo. Sempre elegante, ele zanzava pelo galpão, parando para conversar com os homens que trabalhavam nas diversas estações — tinha uma capacidade impressionante de lembrar nomes. Eu já estava acostumado ao fato de que, para os nazistas, eu era só mais um judeu; meu nome não importava. Mas Schindler era diferente. Ele obviamente queria saber quem éramos. Seus atos mostravam que se importava conosco enquanto indivíduos. De vez em quando ele parava na máquina em que David e eu trabalhávamos e puxava conversa. Alto e robusto, com uma voz retumbante, ele me perguntava como eu estava passando, quantas peças eu tinha feito naquela noite e esperava a resposta em silêncio. Ele me olhava nos olhos, não com a expressão vazia e cega dos nazistas, mas com verdadeiro interesse e até com uma pitada de humor. Eu era tão pequeno que tinha de ficar em cima de um caixote de madeira emborcado para alcançar os controles da máquina. Schindler parecia achar aquilo divertido.

 Preciso admitir que de início tanta atenção me assustou. Schindler, afinal, era nazista e tinha imenso poder. Quando a situação se tornasse crítica, ele ficaria do lado de seus camaradas alemães. Aquilo deveria ser esperado. Além disso, nossas vidas estavam em suas mãos, e ele podia fazer o que quisesse conosco a qualquer momento.

Comecei a temê-lo cada vez menos e cheguei até a desejar suas visitas. Nunca saber quando ele chegaria me ajudava a permanecer acordado e concentrado. Eu sentia orgulho quando Schindler falava comigo, ainda que tal sentimento fosse acompanhado de certa ansiedade. Acho que ele, na verdade, sentia uma simpatia por mim. Mostrava-me aos visitantes, dizendo que eu era um exemplo de como seus judeus trabalhavam duro. Àquela altura eu já tinha escapado por um triz vezes o bastante para saber que o melhor era não dar na vista, não me destacar, não fazer de mim um possível alvo. Assim, quando Schindler atraía a atenção para mim, eu ainda me sentia desconfortável. Por vezes, ele até fazia um gesto na direção de nós três, meu pai, meu irmão e eu, e dizia que éramos "uma família de operadores de máquinas". Com certo orgulho, acrescentava: "especialistas." Eu, porém, sabia que no meu caso aquilo era um exagero. Em seguida, um oficial da SS com uma caveira e ossos cruzados no quepe e pistola carregada no cinto se aproximava e me observava trabalhando. Eu não ousava olhar para ele. Mal ousava respirar. Sabia que, se eu fizesse alguma coisa errada, a punição seria severa para todos nós simplesmente porque havia um nazista olhando.

Fraco, subnutrido e com sono, eu não era de grande valia para o esforço de guerra nazista, mas Schindler não parecia se importar. Uma noite ele parou em minha estação de trabalho e ficou me olhando enquanto eu estava de pé, sobre meu caixote de madeira, finalizando um revestimento.

— Quantos desses você fez esta noite? — perguntou.

— Uns doze — gabei-me. Ele sorriu e seguiu adiante, dividindo uma piada interna com meu pai.

Mais tarde, descobri que um trabalhador dos mais competentes poderia ter feito o dobro com facilidade.

Em outra ocasião, enquanto Schindler passeava pela fábrica, flagrou-me longe da minha estação de trabalho, observando uma complicada máquina ser reconfigurada para realizar uma tarefa diferente. Eu estava hipnotizado pela complexidade do procedimento e não percebi por quanto tempo me afastei do trabalho. Congelei quando senti a conhecida fragrância de perfume e cigarros e me perguntei o que fazer. Em Plaszów, eu teria levado um tiro ou no mínimo teria sido chicoteado por uma infração tão flagrante, por ser um judeu "preguiçoso e irresponsável". Schindler, entretanto, passou sem dizer uma palavra. Poucos dias depois, fiquei sabendo que meu irmão e eu seríamos transferidos para a área de produção de ferramentas da fábrica, o que demandava maiores qualificações, mas também significava que estaríamos perto do nosso pai. Em vez de me punir, Schindler me premiou por minha curiosidade.

Algumas vezes, na manhã seguinte a uma de suas visitas da madrugada, eu ia pegar minha ração e descobria que Schindler dera ordens para que me dessem duas porções. Era necessário um esforço a mais de sua parte para conseguir isso, e eu ficava comovidíssimo com sua gentileza. Outras vezes, ele parava na estação de trabalho de meu pai e colocava a mão no ombro dele, dizendo:

— Vai ficar tudo bem, Moshe.

Se um nazista genuíno visse aquilo, Schindler tratando um judeu com humanidade, teria assassinado ambos sem hesitar um segundo. Contudo, ele sempre se demorava alguns minutos conversando com meu pai. Ocasionalmente, depois que ele ia embora, meu pai descobria meio maço de cigarros, um valioso presente que Schindler deixara "por acidente" ao lado de sua máquina. Meu pai trocava os cigarros por pão.

Esses atos podiam parecer insignificantes diante da escala do mal naqueles anos, porém, na verdade, eles eram tudo menos isso. Schindler ousava rebelar-se contra a norma, que era torturar e exterminar judeus, não nos tratar como seres humanos. Fazer aquilo era arriscar a prisão num campo de trabalho ou de concentração, ou a execução. Até mesmo nos chamar pelo nome e não com um rosnado e um xingamento era passível de punição. Ao tratar-nos com respeito, ele resistia à ideologia racista do nazismo, que hierarquizava a humanidade e colocava os judeus no lugar mais baixo.

Tudo o que eu sabia era que Schindler era nazista e, portanto, perigoso por definição – mas seu modo de agir não era igual ao de nenhum outro nazista que eu conhecia. Ainda que eu não soubesse como interpretar aquilo, ficava impressionado. No entanto, eu ainda tomava cuidado com ele. Já tinha aprendido que os seres humanos costumam ser imprevisíveis.

Desde o verão de 1941, quando a Alemanha rompeu seu pacto com a União Soviética, conquistou territórios ocupados pelos soviéticos e invadiu o país, a vitória alemã parecia ser só questão de tempo; todavia, o tempo estava contra os alemães. Eles tinham avançado tão rápido, seguindo a famosa estratégia alemã de *Blitzkrieg*, "guerra relâmpago", que suas linhas de abastecimento não conseguiam acompanhá-los. Haviam superestimado a velocidade com que podiam derrotar o exército soviético e subestimado a vontade de resistir tanto das tropas quanto do povo soviético. O exército alemão não estava preparado para o inverno russo, brutalmente frio. Com a sangrenta Batalha de Stalingrado – em que cerca de dois milhões de soldados e civis foram mortos –, a maré começou a virar contra os alemães. Quando ficamos sabendo da rendição do VI Exército Alemão no início de fevereiro de 1943, vimos que a derrota alemã era provável.

Se ao menos conseguíssemos aguentar.

No verão de 1944, circulavam rumores de que os Aliados estavam vencendo a guerra, sobretudo os americanos e britânicos a oeste e os soviéticos a leste. Recebíamos fragmentos de informações de tempos em tempos e concluímos que os Aliados tinham chegado à Normandia e preparavam um ataque no oeste. Em meados de julho, o Exército Vermelho soviético chegara à fronteira da Polônia de antes da guerra. Isso significava que as tropas soviéticas estavam perto de Narewka ou já estavam lá. Talvez logo chegassem notícias de Hershel e de nossos demais familiares.

Quando soubemos que empresários alemães estavam fazendo as malas, deixando suas fábricas e fugindo de Cracóvia com todo o dinheiro e bens que conseguiam carregar, entendemos que a Alemanha estava sim perdendo a guerra.

Alguém poderia pensar que comemoramos a notícia, mas, na verdade, nos sentíamos apreensivos a respeito do que aquilo poderia significar para nós. Será que os alemães iriam decidir matar todos nós antes de ir embora? Esse temor não era desprovido de fundamento. Ouvíamos rumores de que Plaszów e todos os seus subcampos seriam encerrados e os habitantes, mandados para Auschwitz, um imenso campo nazista de concentração e de morte. A chance de sair vivo de lá era próxima de zero.

Então, as notícias ficaram muito mais perturbadoras. A fábrica de Schindler fecharia, e ele começaria a reduzir sua força de trabalho. Circulou uma lista com os nomes daqueles que seriam mandados de volta para Plaszów. Meu nome estava nela. O de meu pai e o de David também. *Pronto*, pensei. Era o fim. Eu sabia que não sobreviveria a Plaszów de novo, mesmo se estivesse junto com meu pai e meu irmão. Minha mãe ficaria na Emalia para ajudar a fechar a fábrica, mas isso pouco a tranquilizava. Como ela poderia pensar em sua sorte quando o marido e dois de seus filhos estavam sendo mandados para a morte quase certa? Ela caiu no choro quando meu pai lhe contou que tínhamos recebido ordens para ir embora. Apesar de tudo, ele tentou nos manter otimistas.

— Schindler tem um plano — disse meu pai. — Ele vai transferir a fábrica para uma cidade na Tchecoslováquia e nos levar junto.

Eu simplesmente não conseguia acreditar em nada daquilo. Não entendia como Schindler poderia desmontar, transportar e reconstruir a fábrica inteira. Por que ele enfrentaria as complexidades de nos transferir quando conseguiria com facilidade outros trabalhadores judeus de graça em seu novo local? Ainda que quisesse nos levar, como ele poderia convencer os administradores nazistas, em especial Amon Goeth, que tinha a palavra final absoluta quanto a nós, a aceitarem um plano tão maluco? Eu estava convencido de que não haveria como Schindler nos salvar uma vez que estivéssemos de novo em Plaszów e sob o controle de Goeth.

No dia em que devíamos partir, havia cerca de uma centena de nós enfileirados na frente dos guardas que supervisionariam o retorno a Plaszów. Escondi-me atrás do grupo, como fazia tantas vezes, tentando não dar na vista, sobretudo porque eu vinha fingindo ser alguns anos mais velho do que era de fato. Schindler apareceu para se despedir. Nenhum outro nazista teria se dado esse trabalho. Quando Schindler passou por nós conversando com um oficial alemão, de repente senti que deveria fazer alguma coisa, qualquer coisa, para impedir que fôssemos mandados de volta. Fui abrindo caminho às cotoveladas até o começo da fila, mas cheguei tarde demais. Schindler já havia passado. Impulsivamente segui para a frente da fila, a dois passos de um guarda alemão. Eu não tinha ideia do que estava fazendo. Será que estava querendo que me matassem? O guarda rosnou para que eu voltasse ao meu lugar. Para ter certeza de que eu voltaria, ele me bateu com a parte de trás do rifle. Em vez de atingir a carne, ele zuniu da minha mão a garrafa térmica que meu amigo, o sr. Luftig, tinha me dado como presente de despedida.

A garrafa caiu no cimento e fez um som estridente, que atraiu a atenção de Schindler na mesma hora. Ele se virou. Aquela era a minha chance.

— Estamos sendo mandados embora! — gritei. — Meu pai, meu irmão e eu!

Schindler imediatamente fez um movimento para que os guardas nos tirassem da fila. Recebemos ordens para voltar à Emalia.

O empresário alemão não salvou nossas vidas apenas, ele fez mais. Após nos deixar, Schindler foi procurar minha mãe na fábrica. Disse a ela que tinha havido um equívoco e que íamos ficar. Minha mãe depois me contou que de início não acreditara nele. Ela achava que ele nem sabia quem era ela, mas o fato é que sabia. Quando penso em suas muitas ações de resgate, grandes e pequenas, é esse pequeno gesto que me vem à mente; talvez, acho, por demonstrar uma compaixão extraordinária. Ele sabia que minha mãe estaria preocupada e que só ele poderia confortá-la.

Agora todos os nossos quatro nomes constavam na "lista" daqueles que ficariam para ajudar com os preparativos da transição. Nessa lista, meu irmão e meu pai eram os números 287 e 289, e eu estava espremido entre eles no número 288. Minha mãe fora listada em separado, junto com cerca de trezentas outras mulheres.

Com o passar dos dias, ficou claro que Schindler realmente planejava transferir sua fábrica para Brünnlitz, uma cidade nos Sudetos, na antiga Tchecoslováquia (atual República Tcheca), perto do lugar onde nascera. Foram necessárias uma coragem e uma engenhosidade inacreditáveis, sem falar nas enormes propinas, para que Schindler obtivesse as aprovações de que precisava para desmontar tornos e prensas mecânicas, além de outros equipamentos pesados, e transportar todas as peças para esse local distante. Enquanto o desmonte seguia, tudo ainda me parecia fantasioso, contudo a fé que meu pai tinha em Schindler nunca se abalou. Ele até escondeu algumas provisões no espaço de armazenagem de seu torno para que tivéssemos o que comer quando e se chegássemos.

Enquanto o maquinário era transferido de trem, a Emalia fechou, e nós, junto com todos os demais trabalhadores judeus, fomos mandados de volta para Plaszów a fim de aguardar a hora de nos reunirmos com Schindler. Tremi de medo quando passamos por aqueles portões do inferno na Terra. Desolado, voltei à mesma rotina de antes — levantar às cinco da manhã, ficar de pé em formação por horas, transportar pedras, evitar atrair atenção para mim, ouvir e ver pessoas levando tiros aleatórios. A única diferença agora estava em como o foco dos nazistas tinha mudado. O exército soviético se aproximava, e os alemães gastavam energia encobrindo suas pistas.

Durante a semana seguinte, alguns trabalhadores, dentre os quais meu irmão David, tiveram de exumar centenas de corpos das valas comuns onde haviam sido jogados e queimá-los.

Quando voltou aos barracões, David estava em estado de choque. Lutou para encontrar palavras que descrevessem o que tinha visto. Chorava ao nos contar que precisou descer nos túmulos, levantar e carregar corpos em decomposição para as piras. Tentamos confortá-lo da melhor maneira que podíamos, mas não conseguíamos afastar dele a memória daquilo que vira, nem o cheiro fétido da morte que impregnara suas roupas e sua pele. David mal tinha completado dezessete anos.

Em Plaszów, reunimo-nos brevemente com minha irmã, cuja fábrica também havia sido fechada. De todos nós, Pesza era quem parecia ter aguentado melhor. Ela era jovem, forte e tinha sido protegida por seu trabalho. Todavia, o nazista encarregado de sua empresa pegara seu dinheiro, fugira e largara seus trabalhadores judeus à própria sorte em Plaszów. De algum modo, meu pai teve a audácia de abordar Schindler com um último pedido – que sua filha tão querida, que ele tinha passado dois anos sem ver, fosse colocada na lista de trabalhadores que iam para Brünnlitz. Schindler concordou no ato, e, agora, um quinto membro da minha família estava conosco. Nossa sorte parecia espantosa.

Lembro-me com clareza da data em que deixamos Plaszów pela última vez. Foi em 15 de outubro de 1944. Meu pai, meu irmão e eu fomos colocados num vagão de gado junto com outros trabalhadores do sexo masculino que seguiam para a nova fábrica de Schindler. Disseram-nos que as mulheres iriam num trem em separado. Os guardas trancaram as portas, deixando-nos nas trevas. Esperamos. Meu pai, David e eu demos as mãos. De repente, o trem deu o solavanco de partida, fazendo com que perdêssemos o equilíbrio e caíssemos uns em cima dos outros. Os homens xingavam e resmungavam. Parecia que a humilhação nunca ia acabar. Recuperamos o equilíbrio e ouvimos o trem ganhando velocidade e indo para oeste. Eu via nesgas de luz atravessando o teto e as paredes. Minha esperança era de que aquilo fosse um bom presságio. Após seis anos eu deixava Cracóvia, a cidade dos meus sonhos de infância, a cidade que se tornara um pesadelo, e me dirigia rumo ao desconhecido.

NOVE

CAMPO DE CONCENTRAÇÃO DE GROSS--Rosen. Apenas a duzentos e oitenta quilômetros a noroeste de Cracóvia, porém a mais de um milhão de quilômetros do mundo civilizado.

Outubro de 1944.

Estou nu.

Minha cabeça foi raspada.

Estou tremendo de frio e de medo.

Cercado pela escuridão total.

A noite pouco a pouco se transforma em dia. Ainda estou nu, correndo diante de guardas de rosto petrificado, tentando provar-lhes que continuo em forma.

Outro dia nasce.

Agora estou vestindo trapos. Não tenho ideia de quanto tempo passei aqui.

Três dias?

Três semanas?

Ainda não sei. Na noite em que chegamos de Cracóvia, arrastamo-nos para fora dos vagões de gado e fomos divididos em grupos num descampado. Recebemos ordens para tirar toda a roupa e deixá-la onde estávamos. Então, marchamos em direção aos chuveiros. Àquela altura, já tínhamos ouvido histórias horripilantes de chuveiros que expeliam gás venenoso. Nesse caso, entretanto, eles soltaram apenas um filete de água congelante. Depois do banho, nossas cabeças foram raspadas e mandaram-nos de volta para o descampado para ficar nus na cruel noite de outubro. Esperamos que algo acontecesse, mas nada aconteceu. À medida que as horas passavam, sentíamos cada vez mais frio.

A fim de nos protegermos daquela noite gélida, ficamos bem colados uns nos outros. Abri caminho pelo meio do grupo até o lugar mais quente entre os corpos. Se eu ficasse muito tempo parado, logo voltava para a periferia. Todo mundo estava tentando fazer a mesma coisa que eu, por isso nos contorcíamos e nos movíamos o tempo inteiro, uma massa humana trocando cotoveladas sem fim para tentar não congelar. Quando achava uma abertura, eu me esgueirava de novo para o meio. Ser pequeno para a minha idade tinha suas vantagens.

Por fim, os guardas nos colocaram num barracão. Encostamo-nos uns contra os outros como cadeiras empilhadas. Não havia espaço para deitar. Pelo menos, com todos nós atulhados juntos, ficava mais quente. Fui caindo no sono. Na manhã seguinte, acordamos empilhados, emaranhados de todo jeito. Ainda nus, fomos reunidos e processados como itens de carga. Numa estação, recebemos números. Na estação seguinte, os pelos do nosso corpo foram raspados. Quando me postei à frente do prisioneiro que ia raspar meus pelos, ele simplesmente riu e me mandou passar. Eu ainda era frágil e desnutrido demais para ter passado pela puberdade. Devo admitir que fiquei contente por ter sido poupado daquela humilhação em particular.

Depois, passamos por um "*check-up* médico", que consistia em corrermos em círculos diante de inspetores nazistas. Era uma questão de vida ou morte não tropeçar nem cair exausto. Fiquei aterrorizado pela inspeção. Mesmo que passasse nesse teste, eu sabia que podia ser marcado a qualquer momento, considerado pequeno demais para fazer qualquer trabalho útil e ser mandado para a morte. De algum modo, cheguei até o fim sem cair e me juntei ao restante dos homens em nosso grupo. Acabaram por permitir que pegássemos algumas roupas numa pilha de descartes. Arrumei uma camisa e algumas calças muitos números acima do meu e fiquei grato por ter alguma proteção contra o frio.

Nenhum de nós tinha a menor ideia do que significava estarmos em Gross-Rosen. Por que estávamos ali? Como isso havia acontecido? Será que aquilo era parte do plano de Schindler, e ele preferira não contar? Será que era apenas temporário, ou era nossa última parada? Será que Schindler se deparara com obstáculos que nem ele tinha conseguido superar?

Nenhum de nós sabia.

Todos começamos a pensar no pior.

Conforme nosso tempo em Gross-Rosen se estendia, nos parecíamos cada vez mais com zumbis.

Misteriosamente, numa tarde fomos colocados dentro de outro vagão. As portas bateram ao fecharem-se e lá fomos nós, noite adentro, para um destino ainda incerto. Pela manhã, quando as portas se abriram, vimos que enfim tínhamos chegado a Brünnlitz, nos Sudetos. Caminhamos com sacrifício da estação de trem ao campo de trabalho realocado de Schindler. Dessa vez, o campo iria produzir munições para a guerra. Assim como em outros campos, havia comandante e guardas, mas a presença de Schindler fazia uma diferença fundamental. O campo consistia num prédio de tijolos de dois andares, ainda semiconstruído. A fábrica ainda não estava pronta para começar a produzir munição. Não havia beliches para nós, por isso dormíamos sobre palha no segundo andar. Após Gross-Rosen, nenhum de nós tinha qualquer reclamação quanto às acomodações.

O fato de que a fábrica ainda não estava pronta não foi a maior surpresa, nem a pior, de longe. Em Brünnlitz, ficamos sabendo que as mulheres ainda não haviam chegado de Cracóvia. Seu trem fora desviado para Auschwitz.

Quando meu pai ouviu essa notícia, seu rosto perdeu a cor. Nunca o vi tão perturbado. Disseram-nos que Schindler já estava a caminho de Auschwitz para trazer as mulheres, mas era difícil acreditar que mesmo ele fosse conseguir resolver essa.

De algum modo, Oskar Schindler fez o que parecia impossível. Deu gordas propinas aos nazistas que comandavam Auschwitz, argumentando que as mulheres eram "especialistas", "altamente treinadas", "insubstituíveis". Por incrível que possa parecer, seus esforços tiveram sucesso, e as mulheres foram levadas num trem, dessa vez rumo a Brünnlitz.

Ouvimos rumores de que as mulheres tinham sido salvas e chegariam em breve. No dia em que elas eram esperadas, meu coração estava disparado enquanto eu ficava na janela da fábrica, no segundo andar, aguardando as mulheres aparecerem. Finalmente elas entraram em fila no campo. Suas cabeças, como as nossas, haviam sido raspadas, e elas eram só pele e osso. Era difícil distinguir uma da outra. Então as vi. Minha mãe! Pesza! Eu não ligava para a aparência delas. Estavam vivas, e isso era tudo o que importava. Tive um raro momento de total alegria.

Pesza nos contou que, assim que as mulheres chegaram a Auschwitz, os oficiais da SS fizeram uma seleção. Aquelas que os nazistas julgaram saudáveis e capazes de trabalhar foram mandadas para a direita; as que julgaram enfermas ou fracas foram mandadas para a esquerda. Com dezoito anos, Pesza foi mandada para a direita, com as mulheres mais jovens e mais fortes. Minha mãe, entrando nos quarenta, foi classificada como inútil e mandada para a esquerda, posta de lado num barracão para os velhos e doentes, aqueles que os nazistas não se davam o trabalho de alimentar, destinados à câmara de gás. Em meio a essa aflição, Schindler operou sua mágica. Tivesse ele chegado só um pouquinho depois, seria tarde demais não apenas para salvar minha mãe, mas todas as mulheres que estavam com ela e que tinham sido mandadas para o grupo da esquerda.

Passamos os oito meses seguintes da guerra na fábrica de munições de Schindler. Nazistas de patente mais elevada apareciam de tempos em tempos para inspecionar nosso trabalho. Até Amon Goeth veio visitar seu amigo Schindler. De algum modo, Schindler tinha conseguido convencer os nazistas de que éramos úteis e produtivos, ainda que, durante todo aquele tempo que passamos no campo de Brünnlitz, não tenhamos produzido praticamente nenhuma munição que pudesse ser utilizada.

Apesar de Schindler estar fazendo tudo o que podia para nos prover, mal conseguíamos sobreviver. Com os alemães perdendo a guerra nas duas frentes, a comida ia ficando cada vez mais escassa. Nossa sopa, cada vez mais rala, já era quase mera água quente. Eu saía catando comida todos os dias. Quando achava algumas cascas de batata, secava-as nos canos de vapor que corriam pela fábrica e as dividia com David. As circunstâncias terríveis em que estávamos vivendo nos deixaram mais unidos. Tentávamos cuidar um do outro, e ambos zelávamos por nosso pai.

Eu também conseguia um pouco de comida com a equipe da cozinha. Eles eram prisioneiros políticos que formavam a resistência clandestina do campo.

Como vinham da cidade de Budzyn, próxima de Narewka, minha cidade natal, falavam iídiche com o mesmo dialeto que eu. Sempre que podia, eu gostava de ficar por perto e conversar com eles, e tínhamos um relacionamento amigável. Eles cozinhavam a sopa diária em panelas enormes. Para lavar as panelas, sacudiam água dentro delas e depois jogavam fora. Os funcionários deixavam-me juntar a água que sobrava numa lata. Eu colocava a lata num cano até a água evaporar, deixando pedaços de comida sólida no fundo. De algum modo, eu sempre conseguia ser criativo quando se tratava de arrumar algo a mais para comer.

David e eu trabalhávamos na sala de ferramentas e moldes com nosso pai. Minhas capacidades tinham se aprimorado sob a tutela de meu pai, e, agora, eu era capaz de realizar as tarefas de um técnico mais experiente. Schindler mantinha seus horários de sempre, dando festas que adentravam a madrugada e fazendo a ronda na fábrica depois. Ocasionalmente ele me pedia para ir ao seu escritório. Na primeira vez que subi aquelas escadas, meu corpo inteiro tremia. O que ele poderia querer comigo? Eu ficava tentando pensar no que tinha feito de errado. Quando cheguei ao escritório, eu estava com tanto medo que mal conseguia ouvir as amenidades que ele falava para tentar me acalmar. Então, ele me deu um pedaço de pão e eu soube que ficaria tudo bem. Schindler não me convidava muitas vezes para ir ao seu escritório, porém, quando o fazia, eu sempre dividia a "recompensa" com meu pai e meu irmão.

Uma vez, depois de Schindler ter parado para falar comigo em minha estação de trabalho, ordenou à pessoa que montava os horários que eu fosse transferido para o turno diurno. Aquela mudança provavelmente salvou minha vida. O turno do dia era muito mais fácil, tanto pelo lado mental quanto pelo físico. Pergunto-me se Schindler tinha noção do presente que me dera. Como era de se esperar, nem todos os meus companheiros de prisão gostaram do meu tratamento especial, ainda que meu pai e David tenham ficado bastante felizes por mim.

Schindler nos contou a respeito das movimentações na frente oriental. No começo de 1945, soubemos que o exército soviético tinha libertado Auschwitz e Cracóvia. Os prisioneiros com melhor conhecimento de geografia esboçavam mapas na terra, demarcando o avanço do exército soviético. Seus mapas faziam com que o avanço parecesse mais real. Não demoraria muito, diziam, até que o exército chegasse a nós.

Com o resultado praticamente definido, naqueles últimos meses da guerra talvez parecesse que o otimismo tomara conta de nós, contudo, quando chegou a primavera de 1945, estávamos completamente exaustos. Toda a nossa energia tinha ido embora, nossos ânimos estavam em frangalhos, e nossos corpos mal estavam vivos. Meu pai não conseguia mais ficar de pé na máquina durante as doze horas de seu turno. Ele se agachava quando ninguém estava olhando. Nas pernas de David apareceram manchas roxas que não sumiam. Comecei a enxergar dobrado. Eu tinha de ler as marcas das medidas na minha máquina, e, muitas vezes, não conseguia; as linhas finas nos instrumentos pareciam minhoquinhas retorcidas.

Não sei por quê, talvez apenas porque os seis anos de estresse e de sofrimento agora pesassem em mim, mas eu não conseguia abandonar uma ideia pela qual era obcecado: a de que eu seria morto pela última bala da guerra. O pesadelo se repetia sem parar na minha cabeça — o último dia, a última hora, o último minuto, a libertação tão próxima, e, então, a minha sorte acabava.

Na verdade, meus temores não eram tão exagerados. Foi bom eu só ter descoberto depois que, em abril de 1945, a SS recebeu ordens para matar todos os trabalhadores judeus na fábrica. Entretanto, Schindler conseguiu frustrar o plano e fazer com que o oficial encarregado da SS fosse transferido da área antes que pudesse executar suas instruções. Àquela altura, os oficiais e soldados alemães estavam fugindo e faziam tudo o que podiam para evitar serem capturados pelo exército soviético, que se aproximava cada vez mais depressa. No meio do caos, Schindler outra vez aproveitou uma oportunidade para agir em nosso favor. Ele foi até um dos armazéns nazistas abandonados e trouxe de volta centenas de rolos de pano azul-marinho e de garrafas de vodca.

Sob o risco iminente de ser capturado pelos soviéticos, Schindler sabia que precisava fugir. Primeiro, deixou claro para os guardas que eles teriam mais chances de sobreviver se fossem embora por conta própria. Eles não precisaram de nenhum incentivo a mais. Fugiram sem dizer uma palavra, mas Schindler ficou. Ele não conseguiu ir embora sem se despedir e reuniu seus judeus uma última vez. Após tantos anos de medo constante, eu sentia dificuldade para acreditar que aquilo que ele estava dizendo pudesse realmente ser verdade.

— Vocês estão livres — disse ele.

Livres!

Ficamos sem palavras. O que poderíamos dizer? Que palavras poderiam expressar o tumulto de emoções que sentíamos? A liberdade parecia uma fantasia impossível. Antes de ir embora, Schindler pediu que não nos vingássemos das pessoas na cidade próxima, pois elas o tinham ajudado a nos manter vivos. Ele deu a cada um de nós um rolo de pano e uma garrafa de vodca, bens que, como ele sabia, poderíamos trocar por comida, abrigo e roupas. Não tive a chance de me despedir pessoalmente de Schindler. No entanto, estive junto de todos os demais trabalhadores quando lhe deram de presente um anel feito do dente de ouro de um prisioneiro, gravado com uma frase do Talmud: "Quem salva uma vida salva o mundo inteiro."

Logo depois da meia-noite, Oskar Schindler saiu à toda em seu carro. Seu objetivo era chegar às linhas americanas, o que conseguiu. Se os soviéticos o tivessem capturado, eles o teriam visto apenas como mais um nazista e o matariam.

Após sua partida, ficamos esperando a chegada dos soviéticos. Nossos guardas não haviam hesitado em abandonar seus postos; nós poderíamos ter partido, porém não o fizemos. Não tínhamos notícias, nem aonde ir, nem ideia do que nos esperaria fora do campo. Tudo estava estranhamente quieto, como se estivéssemos no olho do furacão. Alguns jovens pegaram as armas abandonadas pelos guardas e fizeram sentinela. A noite caiu sem que nenhum de nós soubesse o que fazer em seguida.

Em 8 de maio de 1945, veio a resposta. Um soldado russo solitário foi até os portões e perguntou quem éramos. Dissemos que éramos judeus da Polônia. Ele falou que estávamos livres e mandou que arrancássemos os números e os triângulos de nossos uniformes. Quando me lembro daquele momento, parece que os arrancamos em uníssono, numa afirmação de nossa solidariedade e de nossa vitória.

Por mais impossível que parecesse, tínhamos sobrevivido. Por milagre, Oskar Schindler, aquele homem complexo, repleto de contradições — nazista e oportunista, conspirador, corajoso, revolucionário, salvador, herói —, tinha salvado quase mil e duzentos judeus da morte certa.

DEZ

DEPOIS QUE O SOLDADO FOI EMBORA, OS portões se abriram. Eu estava em choque. Todos estávamos. Tínhamos passado de anos de aprisionamento para a liberdade. Eu me sentia ao mesmo tempo confuso, fraco e em êxtase. Desorientados e hesitantes, continuamos a vagar em torno do campo de Brünnlitz por dois dias. Eu não conseguia processar o fato de que agora havíamos sido libertos, mesmo quando nossos inimigos, os soldados alemães vencidos, passavam correndo à nossa frente às centenas. Eu ficava parado observando aquelas tropas outrora confiantes, agora prisioneiras desalentadas dos soviéticos. Uma hora após outra, elas se arrastavam, de cabeça baixa, o rosto abatido. Alguns trabalhadores judeus pensaram em vingar-se. Outros tomaram as botas dos soldados e deram seus tamancos de madeira em troca. Não fiz isso. Não havia jeito de "ficar quite" com os nazistas, não importando o que eu fizesse. Tudo o que eu queria era me lembrar daquelas horas para sempre, recordar a visão dos outrora orgulhosos soldados marchando desordenadamente diante de nós numa desprezível derrota.

Em determinado momento, as autoridades tchecas ofereceram transporte gratuito de trem para aqueles que quisessem retornar à Polônia. Minha mãe queria ir até Narewka para encontrar Hershel e sua família, mas meu pai disse que ainda era perigoso demais viajar tão longe a leste. Em vez disso, ele decidiu que nós cinco retornaríamos a Cracóvia. Claro que todos alimentávamos em segredo a esperança de que, de algum modo, Tsalig tivesse escapado e estivesse lá esperando por nós.

Dessa vez havia beliches nos vagões de gado, e as portas de correr permaneceram abertas. Podíamos respirar os aromas da primavera e observar a paisagem passando. Do meu lugar, constatei poucos sinais da guerra que havia dizimado nossas vidas. Novas folhas brotavam nas árvores; as flores campestres estavam se abrindo. As feridas da guerra, tão profundas em mim, não eram visíveis na paisagem. Era quase como se aqueles terríveis anos de sofrimento nunca tivessem acontecido, mas bastava que eu olhasse para os rostos desgastados e abatidos de meus pais para saber que não era assim.

Conforme o trem avançava para o leste, permiti-me fazer algo que não fazia havia anos: pensar no futuro. Nos últimos seis anos, pensar no futuro tinha significado pensar somente em como sobreviver na hora seguinte, como encontrar o próximo resto de comida, como escapar do vindouro confronto com a morte. Agora, o futuro significava muito mais. Eu poderia voltar à escola. Poderia ter uma casa, comida de verdade, segurança. Um dia, eu poderia me sentir seguro de novo.

O trem parava com frequência para deixar passageiros em pontos próximos de onde eles tinham vindo. Toda vez, os passageiros desciam e iam embora depressa, sem olhar para trás nem dizer adeus. Não havia razão para prolongar o tormento por mais um único instante. Observei meus antigos colegas de trabalho se espalharem pela Polônia, um por um, família por família. Todos nós rezávamos para que o nosso sofrimento tivesse acabado, para que pudéssemos retornar às nossas vidas, para os familiares de quem tínhamos ficado tanto tempo separados.

Com tristeza, logo percebi que o sofrimento não havia acabado em Cracóvia. Meus pais, David, Pesza e eu chegamos ainda usando nossos uniformes listrados da prisão. Agarramos nossas únicas posses — os rolos de pano e as garrafas de vodca que Schindler tinha nos dado — e saímos andando timidamente pela cidade na direção do nosso antigo bairro. Éramos recebidos por olhares curiosos e por uma indiferença que me deixava muito transtornado. Encontramos Wojek, o bondoso gentio que vendera os ternos de meu pai, e fizemos contato com um antigo vizinho na rua Przemyslowa. Ele nos deixou ficar em seu apartamento por algumas noites e decidiu dar uma pequena festa para meu pai. Em meio a goles de vodca de uma de nossas preciosas garrafas, ele confessou estar surpreso por termos sobrevivido.

Ficou claro que muitos outros na cidade compartilhavam dessa surpresa. Para alguns, o inesperado retorno dos judeus não era bem-vindo. Eles se indagavam o que deviam esperar dos sobreviventes. Tinham sofrido suas próprias dificuldades e perdas durante a guerra e não estavam interessados nas nossas. Alguns eram antissemitas e tinham ficado contentes por nos ver fora daquilo que consideravam o seu país, mesmo que judeus já vivessem ali havia mais de mil anos. Agora, estávamos de volta, deixando-os angustiados, embora só estivéssemos tentando nos adaptar à liberdade e começando a reconstruir nossas vidas.

Minha mãe achou um alfaiate que costurou calças para mim a partir de meu rolo de pano — minhas primeiras calças novas em quase seis anos. Meu pai conseguiu recuperar seu emprego na fábrica de vidros. Precisávamos, com urgência, de um lugar para nós. Encontramos abrigo num dormitório estudantil que tinha virado um centro de recepção de refugiados. Era isso que éramos agora, percebi. Refugiados. Forasteiros, ironicamente, num país onde os judeus tinham uma longa história. No fim da guerra, dos cerca de sessenta mil judeus que havia em Cracóvia, apenas alguns poucos milhares restaram.

O dormitório também abrigava outros desabrigados que retornavam. Como no gueto, dividimos o salão em seções usando cobertores pendurados em cordas. À medida que os judeus voltavam à cidade para procurar suas famílias e tentar retomar seus lares e suas vidas de antes da guerra, logo surgia cada vez mais gente procurando espaço. Muitos vinham de áreas ocupadas pelos soviéticos ao leste. Um dia, minha mãe achou uma moça e sua mãe dormindo no corredor. Ela insistiu para que as duas dividissem nosso espaço. Aos poucos, cada um dos quatro cantos foram ocupados por uma família diferente.

Naquele verão, a resistência aos judeus que voltavam para Cracóvia se intensificou. Uma judia foi injustamente acusada de sequestrar um garoto gentio. Circulavam rumores de que os judeus muito magros e fracos que voltavam dos campos estavam usando o sangue de crianças gentias para transfusões, revivendo a antiga acusação conhecida como "libelo de sangue". A acusação, no passado e no presente, era falsa e ridícula, mas mesmo assim deixou a cidade em polvorosa. Uma multidão reuniu-se numa das sinagogas que sobraram gritando acusações e, depois, veio ao nosso prédio a fim de jogar pedras nas janelas. Após mais ou menos uma hora, os vândalos se foram, mas a violência trouxe velhos temores de volta à tona; outra vez eu quis ficar invisível. Meu pai ia trabalhar todos os dias, enquanto nós ficávamos a maior parte do tempo em nossa casa improvisada, temerosos de sair. Seria esse o nosso futuro? Tínhamos sobrevivido à guerra, ao gueto e aos campos só para continuar vivendo com medo?

Em 11 de agosto de 1945, houve um tumulto quando um garoto gentio afirmou que judeus estavam tentando matá-lo. Vândalos atacaram nosso prédio, mais uma vez atirando pedras nas janelas, arrastando as pessoas do primeiro andar para espancá-las com as próprias mãos. Corremos da nossa sala para a segurança de um andar mais alto. Em outra parte da cidade, desordeiros saquearam uma sinagoga e queimaram os rolos da Torá. Houve relatos de que judeus espancados nas ruas tinham sido hospitalizados e, então, espancados de novo. Na fábrica, meu pai foi avisado para não sair depois do trabalho. As ruas estavam perigosas demais, por isso ele passou a noite ali, em relativa segurança. Minha mãe, meus irmãos e eu enfrentamos uma longa noite sozinhos.

No dia seguinte, após meu pai retornar da fábrica, dissemos a ele o que acontecera na noite anterior. Ele ficou em silêncio.

— Não podemos ficar aqui — disse David a meu pai.

— Se pudéssemos voltar a Narewka... — tentou minha mãe. Ela sempre dizia isso depois da guerra. Ela nunca se sentiu em casa na cidade e, com certeza, não tinha razão para mudar esse sentimento agora, mas o verdadeiro motivo para ela querer voltar para Narewka era o fio de esperança de que ao menos alguma parte da nossa família, especialmente Hershel, meu irmão mais velho, tivesse sobrevivido.

— Ainda não podemos voltar — respondeu meu pai. — Talvez nunca possamos.

Meu pai contou suas devastadoras notícias. Minha mãe ouvia, horrorizada, enquanto ele expunha o que tinha ficado sabendo por seus contatos na fábrica oriundos de Narewka. Alguns haviam conseguido voltar para procurar suas famílias. O que eles revelaram era assustador. Após a invasão do exército alemão, esquadrões da morte móveis da SS, chamados Einsatzgruppen, varreram as cidadezinhas da Polônia oriental com o único propósito de matar judeus. Chegaram a Narewka em agosto de 1941. Levaram todos os judeus homens na aldeia, aproximadamente quinhentos, para uma campina perto da floresta, metralharam todos e os enterraram numa vala comum. A SS levou as mulheres e as crianças para um celeiro próximo, onde ficaram por um dia, e as executaram também. Num só golpe, toda a nossa família que morava em Narewka, cerca de cem parentes — meus avós, tios, primos —, tinha sido assassinada. Era impossível acreditar naquilo. Ao pensar em seus pais, minha mãe só conseguiu sussurrar:

— Espero que tenham morrido antes de os Einsatzgruppen chegarem.

Todo o impacto do que fora dito nos atingiu de uma só vez.

Nunca tivemos notícias de Hershel nos longos seis anos que passamos separados. Havíamos presumido que ele tinha chegado a Narewka, que em 1939 estava sob controle soviético e parecia um lugar mais seguro para ele do que Cracóvia. Agora soubéramos que Hershel de fato chegara a Narewka e que tinha sido preso e morto pelos assassinos da SS naquele terrível dia de agosto. Minha mãe foi abaixo enquanto o restante de nós permaneceu de pé, chocados com a atrocidade.

Muitos anos depois, voltei a Narewka. Um polonês gentio que encontrei ali contou como um jovem judeu tinha tentado fugir, mas, nas palavras dele, "um dos nossos" — em outras palavras, um não judeu — viu-o e denunciou-o à SS, que o matou imediatamente. Quando penso em meu impetuoso irmão, consigo imaginá-lo como aquele rapaz que correu para a floresta, fazendo tudo o que podia para sobreviver.

À medida que as semanas passavam, a vida não melhorava. Havia relatos constantes de violências recorrentes contra judeus. O trabalho era escasso e também a comida. Para nós, o futuro em Cracóvia parecia sombrio.

No começo de 1946, David e Pesza bolaram um plano para voltar à Tchecoslováquia e ver se poderiam se estabelecer ali. Atravessei a fronteira com eles. Após alguns dias, entretanto, minha mãe mandou dizer por um amigo que precisava de ao menos um dos filhos presente ao seu lado. Por ser o caçula, ainda com apenas dezesseis anos, eu era a escolha óbvia. Despedi-me de David, e Pesza me levou de volta a Cracóvia. Ela, então, voltou para a Tchecoslováquia e para a companhia de David. Doeu dizer adeus a meus irmãos. Era espantoso que tivéssemos conseguido permanecer juntos durante os últimos anos da guerra. Agora, eles eram adultos e estavam ansiosos para começar uma nova vida. Meus pais nunca teriam tentado dissuadi-los.

Poucos meses depois, meus pais conseguiram o apoio de uma organização sionista — um dos grupos cujo objetivo era estabelecer um estado nacional judeu. Tínhamos esperanças de que eles conseguiriam nos tirar clandestinamente da Polônia. Não considerávamos ir à Palestina, então sob domínio britânico, porque a vida lá seria muito árdua para meus pais.

Após várias semanas de angustiante espera, surgiu a nossa oportunidade. Pagamos uma pequena propina a um guarda e cruzamos a fronteira. Atravessamos a Tchecoslováquia de trem e enfim chegamos a Salzburgo, na Áustria. Ali, uma organização de assistência da ONU nos mandou para um campo de pessoas deslocadas em Wetzlar, na Alemanha, na área de ocupação americana. De um lado, parecia estranho estar na Alemanha, dentre todos os lugares; de outro, era bom iniciar um novo capítulo em nossas vidas.

Sem casa e sem pátria, outra vez num campo, poderíamos nos sentir derrotados, mas Wetzlar era muito diferente dos campos da guerra. Tínhamos três refeições por dia, assistência médica confiável e proteção militar americana. Era muito bom. Eu aproveitava toda oportunidade de ir à cidade e conversar com qualquer pessoa que estivesse disposta a bater um papo. Fiquei amigo de outros adolescentes no campo, incluindo uma bonita menina húngara da minha idade. Aprendi a falar húngaro fluentemente só para poder conversar com ela. Aliás, alguns húngaros tinham tanta certeza de que eu era húngaro que falavam polonês quando não queriam que eu entendesse o que estavam dizendo. Mal sabiam eles que o polonês era a minha língua nativa.

Para a alegria de minha mãe, ganhei peso, dei uma encorpada e cresci vários centímetros. Meu cabelo cresceu, escuro e grosso. Eu tinha roupas novas, feitas pelos alfaiates do campo, que desfaziam as costuras dos uniformes militares e os transformavam em roupas civis. Alguém até me deu um chapéu de feltro marrom. Ele virou minha marca registrada. Eu o usava sempre, imitando à minha maneira o gosto pela elegância que meu pai tinha antes da guerra.

Às vezes, meus novos amigos e eu discutíamos a respeito de quem havia sofrido mais durante a guerra. Alguns tinham estado em campos de trabalho; outros, em campos de concentração; e outros, ainda, no infame campo da morte de Auschwitz-Birkenau. Houve quem permaneceu escondido em circunstâncias muito diversas. Não conseguíamos resistir ao impulso de trocar histórias e informações, mesmo que essas conversas, muitas vezes, levassem ao ciúme e à raiva. De um modo estranho, parecíamos competir pela pior experiência. Todos nós tínhamos passado por infernos particulares e ainda processávamos nossas experiências. Nenhum de nós sabia o que fazer com o enorme peso das lembranças. Por vezes, a dor do nosso pesar rompia a superfície e ameaçava as frágeis amizades que mantínhamos.

Nunca me senti em casa no campo, mas comecei a me acostumar à vida ali enquanto esperava para ver qual país permitiria que imigrássemos. Havia muita gente como nós, à procura de um lugar que as recebesse.

Os alemães tinham encerrado meus estudos assim que completei dez anos. Meus pais estavam preocupados com minha falta de formação e com o que isso poderia significar para o meu futuro. Meu pai começou a procurar alguém para me dar aulas e me ajudar a recuperar pelo menos uma parte daquilo que eu perdera. Ele encontrou na cidade vizinha um ex-engenheiro alemão que agora estava desempregado e tinha cinco filhos para alimentar. Três vezes por semana, durante dois anos, fui à casa do dr. Neu para ter aulas de matemática e desenho geométrico.

Começamos com a aritmética básica e dela partimos para as complexidades da trigonometria. Com o tempo, passei a aguardar com ansiedade pelas aulas do dr. Neu. Após minhas experiências com Oskar Schindler, eu achava que conseguia ver a diferença entre aqueles alemães que tinham sido nazistas de fato e os que haviam preservado alguma humanidade, ainda que tivessem se afiliado ao partido nazista. Notei que os que realmente acreditaram no regime olhavam para os sapatos ou davam corda nos relógios quando alguém mencionava a guerra. Quando se falava daquilo que os judeus tinham enfrentado, a resposta pronta deles era "Não sabíamos". O dr. Neu não era assim. Ele me perguntava a respeito de minhas experiências e prestava legítima atenção àquilo que eu falava. Eu me lembrava de como Oskar Schindler me fazia perguntas e esperava minhas respostas. O dr. Neu não tentava minimizar o que tinha acontecido. Uma vez, enquanto eu contava uma história, sua esposa nos ouviu.

— Não sabíamos — murmurou. Ele dirigiu a ela um olhar cortante e falou:

— Não diga isso.

Depois que o clima desconfortável passou, ele insistiu para que eu continuasse com a história.

Por meio de organizações judaicas, meus pais entraram em contato com nossos poucos parentes nos Estados Unidos. Shaina e Morris, irmãos de minha mãe, que haviam deixado Narewka no início dos anos 1900, agora viviam em Los Angeles. (Tio Karl falecera pouco depois de chegar aos Estados Unidos.) A partir dos relatos que haviam ouvido, eles começaram a achar que toda a parte da família que morava na Polônia fora assassinada. Ficaram em êxtase por saber que nós três estávamos num campo para pessoas deslocadas. Nossos parentes americanos escreviam cartas e nos mandavam pacotes cheios de comida doada por outros amigos de Narewka que também viviam nos Estados Unidos. Como não tínhamos nenhum dinheiro para pagar o dr. Neu pelas minhas aulas, dávamos a ele café e cigarros — itens que recebíamos da organização de ajuda humanitária CARE. Também dávamos a ele presunto e outros enlatados, os quais a minha família não comia, itens fornecidos pelo campo de pessoas desprovidas.

Em 1948, Pesza e David entraram para um grupo sionista e trocaram a Tchecoslováquia pelo novo Estado de Israel, que acabara de ser fundado naquele ano. Quando tivemos notícia de seus planos, eu quis ir com eles. No entanto, dessa vez meus pais decidiram que iríamos para os Estados Unidos assim que minha tia e meu tio pudessem fazer os preparativos. Meus pais julgaram que lá conseguiríamos encontrar trabalho e ajudar financeiramente minha irmã e meu irmão, cujas vidas não seriam fáceis num país que lutava para se estabelecer. Ainda que agora eu tivesse quase dezenove anos e desejasse me juntar a meu irmão e minha irmã, depois de tudo por que meus pais haviam passado eu não poderia recusar o pedido para que eu ficasse com eles.

Enfim, em maio de 1949, após quase três anos no campo para pessoas deslocadas, recebemos a notícia de que nosso pedido de imigração tinha sido aprovado. Era quase inacreditável: realmente íamos para os Estados Unidos da América! Tomamos o trem para Bremerhaven, na Alemanha, e então cruzamos o Atlântico em nove dias num antigo navio de transporte de tropas até chegar a Boston, no estado de Massachusetts. Eu passava todo o tempo que podia no convés, olhando o oceano estender-se em todas as direções. Havia algo em sua majestade, em sua vastidão, que me trazia uma paz que até então não conhecia.

Dormíamos em redes abaixo do convés e lutávamos contra o enjoo, embora eu não sofresse tanto quanto alguns. Nós, refugiados, éramos de muitas nações e falávamos muitos idiomas. Eu ficava admirado com o número de línguas que desconhecia. Não falávamos inglês, por isso tínhamos crachás de identificação em nossos casacos para garantir que chegaríamos ao lugar certo.

O filho do tio Morris, Dave Golner, que morava em Connecticut, encontrou-nos enquanto passávamos pela imigração após o navio atracar no porto de Boston. Durante os procedimentos de imigração, nosso último nome mudou para Leyson. Eu já tinha trocado Leib por Leon, nome que achava muito mais legal. Dave só sabia um pouco de iídiche e nada de polonês, por isso mais apontou do que falou ao nos mostrar como ir do porto à estação de trem. Ele nos deu dinheiro para a viagem de cinco dias até Los Angeles, na Califórnia.

Dessa vez foi bom andar de trem, sentado num vagão de passageiros, num assento acolchoado, e não enfiado num vagão de gado. Talvez algumas pessoas considerassem nossa viagem uma provação. Dormíamos em nossos assentos. Não havia chuveiro para usarmos. Mas, para mim, cada minuto da viagem foi maravilhoso. Passei horas sentado na janela, observando o mundo passar, enquanto íamos da costa leste até Chicago e, depois, atravessávamos o meio-oeste até chegar ao sudoeste.

Por não falarmos inglês, tivemos alguns momentos confusos no caminho. Por exemplo, toda vez que íamos ao vagão-restaurante, tudo o que conseguíamos fazer era apontar para aquilo que outra pessoa estava comendo ou para algumas poucas palavras incompreensíveis no menu. Muitas vezes recebíamos algumas combinações bem estranhas. Eu também não tinha ideia de qual era a correspondência entre os preços no cardápio e o dinheiro no meu bolso, então dava ao garçom uma nota de valor alto e esperava para receber o troco. Fui acumulando um estoque crescente de moedas. Quando voltava a meu assento no vagão de passageiros, eu as estudava para tentar descobrir quanto cada uma delas valia. Claro que eu era capaz de ler os números nas moedas, mas isso não era a mesma coisa que compreender os valores.

Uma tarde, uma mulher a alguns assentos de distância me viu observando as moedas que eu tinha acabado de receber depois de pagar pelo almoço. Ela deixou seu assento e veio se sentar ao meu lado. Sorriu e pegou uma moeda na minha mão.

— Esta vale cinco centavos — disse. Pegou outra moeda. — Esta, dez — continuou. — E esta, um.

Repassamos as denominações algumas vezes — um centavo, cinco centavos, dez centavos, vinte e cinco centavos. Depois de eu ter aprendido a dizer os nomes e os valores, a mulher sorriu outra vez e voltou ao seu assento. Ela deve ter esquecido o que fez alguns dias depois, mas eu nunca esqueci. Ainda me lembro de sua gentileza quase sessenta e cinco anos depois. Ela me deu minha primeira aula de inglês.

No trem, eu observava a paisagem mudar de um verde viçoso para um vermelho acentuado e, em seguida, para um marrom desértico. Atravessamos a divisória continental e o deserto de Mojave. Eu pensava naquele novo país que agora seria meu lar. O futuro se estendia à minha frente de um jeito que pouco tempo antes eu teria achado impossível. Eu não estava de jeito nenhum assustado, ainda que não soubesse o idioma nem tivesse a menor ideia do que ia fazer. Eu me sentia apenas empolgado. Pela primeira vez em muitos anos, podia sonhar com o futuro. Sabia que ia aprender inglês, que ia arrumar um emprego. Algum dia, eu ia me casar e ter uma família. Talvez até chegasse a ficar velhinho. Tudo podia acontecer.

Quando o trem parou na estação Union, em Los Angeles, minha mãe, meu pai e eu juntamos nossos pertences e nos aprontamos para sair. Peguei meu chapéu e ia colocá-lo, mas mudei de ideia. Joguei o chapéu de volta no compartimento de bagagens e me virei para sair. O chapéu era parte da minha vida anterior, da vida que eu pretendia deixar para trás.

Com moedas de vinte e cinco, de cinco e de dez centavos no bolso, saí do trem e me deixei tocar pelo sol da Califórnia.

Eu tinha dezenove anos e minha vida de verdade estava apenas começando.

EPÍLOGO

NOS ESTADOS UNIDOS, EU RARAMENTE falava sobre as minhas experiências durante a guerra. Não parecia nem mesmo existir um vocabulário para expressar aquilo por que eu tinha passado. Para os americanos, uma palavra como campo trazia lembranças felizes de verão que não tinham nada a ver com aquilo que eu tinha vivido em Plaszów e em Gross-Rosen. Lembro-me de que uma vez, pouco depois de termos nos instalado em Los Angeles, tentei descrever para um vizinho o que era passar fome no gueto. Quando eu disse que nunca tinha o suficiente para comer, ele respondeu:

— Aqui também houve racionamento.

Ele não fazia ideia da diferença entre o que ele viveu ao dispor apenas de pequenas quantidades de manteiga e de carne durante a guerra e aquilo que tinha passado revirando lixo para encontrar uma casca de batata. Na verdade, não havia como falar das minhas experiências sem parecer menosprezar a dele, por isso decidi não falar da Polônia, nem da guerra. Como o chapéu que eu deixara para trás no trem, tentei esquecer aqueles anos e começar uma nova vida. Claro que, ao contrário de abandonar um chapéu, não é possível fugir das lembranças, e elas estavam comigo todos os dias.

Meus pais e eu tínhamos como foco nos estabelecer e arrumar trabalho. Ficamos com minha tia Shaina, que agora se chamava Jenny, por algumas semanas antes de nos mudarmos para um apartamento de um quarto no prédio em que meu tio Morris, irmão de minha mãe, morava. Meus pais ficaram com o quarto, e eu armei uma cama de lona para mim na cozinha — sem dúvida, um *avanço* em relação aos beliches lotados dos campos de concentração. Eu me sentia muito grato.

Nós três nos matriculamos em aulas de inglês para estrangeiros na Manual Art High School. Logo meu pai começou a trabalhar como zelador de uma escola de ensino fundamental. Não era a mesma coisa de antes da guerra, quando era um respeitado técnico. Contudo, ele fazia o melhor que podia e continuava a se sentir otimista. Com mais de cinquenta anos e inglês limitado, suas opções eram poucas. Eu trabalhava na linha de produção de uma fábrica de carrinhos de compras. No começo, era bom ter uma tarefa repetitiva que não demandava muito inglês, porém eu sabia que não queria passar o resto da minha vida fazendo esse tipo de trabalho.

Minha mãe sentiu uma imensa dificuldade em aprender inglês, mas acabou adquirindo vocabulário suficiente para fazer compras e conversar com os vizinhos. Ela e meu pai se associaram ao Clube de Benevolência de Narewka, fundado por judeus que imigraram para os Estados Unidos bem no início do século XX. O grupo se reunia periodicamente para cantar, dançar, falar de suas lembranças e arrecadar dinheiro para ajudar diversas obras de caridade. Meus pais se sentiam muito afortunados por serem capazes de doar.

Minha mãe se dedicava a cuidar de meu pai e a construir um lar para nós. Apartada do mundo em que tinha crescido, aos meus olhos ela parecia solitária e perdida. Sem dúvida, ela nunca conseguia parar de pensar nos filhos perdidos, em especial Tsalig, porque só fora capaz de ficar parada, olhando, sem poder fazer nada, enquanto ele era levado.

Tenho facilidade para aprender idiomas, por isso não demorei a me sentir confortável para conversar em inglês. Com a ajuda do tio Morris, fui contratado como operador de máquinas na US Electrical Motors e me matriculei em cursos no Los Angeles Trade-Technical College. Eu estava aprendendo nos livros aquilo que meu pai aprendera na prática, mas trabalhávamos juntos para vencer o desafio de converter as medidas métricas para seus equivalentes em polegadas, pés e jardas. Durante um ano e meio, eu ia às aulas de manhã e trabalhava do início da tarde até a meia-noite. Quando eu terminava meu turno, dormia no banco de trás do ônibus enquanto voltava para casa. O motorista era um homem bondoso, que me acordava logo antes da minha parada. Na manhã seguinte, eu recomeçava toda a rotina. Era dura, mas eu não a enxergava assim. Duro tinha sido o trabalho exaustivo de Plaszów. Meus horários eram cansativos, mas o trabalho valia a pena e era interessante. Apesar de eu ter idade para ser recrutado quando começou a Guerra da Coreia, seria dispensado do serviço militar enquanto estivesse matriculado como estudante. Em 1951, terminei meus cursos técnicos, e, como era previsto, ainda que não fosse cidadão americano, minha convocação militar chegou pelo correio. Primeiro, fui para o Forte Ord, em Monterey, na Califórnia, para receber o treinamento básico, e depois para Aberdeen, em Maryland. Para muitos rapazes acostumados a uma vida civil com liberdade e privacidade, a vida militar era dura, e havia muitas queixas. Eu ouvia suas lamúrias e apenas sorria. Eu tinha uma cama de lona só para mim, roupas decentes, comida mais do que suficiente, e estavam me pagando! Do que eu poderia reclamar? Quando os sargentos instrutores gritavam conosco por não engraxarmos direito nossos sapatos, eu dizia a mim mesmo: "Bem, não vou levar um tiro por causa disso." Fiquei amigo de pessoas que vinham de lugares de que eu nunca tinha ouvido falar: Kentucky, Louisiana, Dakota do

Norte e do Sul e outros estados. Quando eles me perguntavam de onde eu era, eu só dizia que era de Los Angeles. Agora meu inglês já era bom o bastante para eu poder me safar com essa resposta metida.

Perto do fim do treinamento, fui transferido para uma base nos arredores de Atlanta, na Geórgia. Num fim de semana, ganhamos passagens para ir à cidade. Após entrar no ônibus, fui para o meu lugar favorito, na parte de trás, a fim de tirar um cochilo. Tomei um susto quando o motorista parou o ônibus e andou até mim.

— Você não pode se sentar aí — disse. — Os bancos de trás são para os negros. Você tem de vir para a frente.

Ouvir essas palavras foi como levar um tapa bem forte. Subitamente eu estava de volta a Cracóvia, no momento em que os nazistas ordenaram que nós, judeus, fôssemos para a parte de trás do ônibus (antes de proibirem que usássemos o transporte público). O contexto era muito diferente, mas mesmo assim minha cabeça quase explodiu. Por que existiria algo assim nos Estados Unidos? Eu cometera o erro de achar que aquela discriminação só tinha sido sofrida pelos judeus durante a opressão nazista. Agora, eu via que também havia desigualdade e preconceito naquele país que eu já tinha começado a amar.

Antes de ser mandado em missão para o exterior, fiz testes de diversas línguas europeias. Os Estados Unidos ainda possuíam muitos postos militares na Europa. Quando fui avaliado como fluente em alemão, polonês e russo, achei que seria transferido para a Alemanha ou a Polônia. Em vez disso, fui mandado para a direção oposta... para Okinawa, no Japão. Passei dezesseis meses lá, onde servi numa unidade de engenheiros do exército. Supervisionei vinte e um okinawanos numa casa de máquinas e subi de patente, indo de primeiro soldado raso para cabo. Para mim, aquilo era grande coisa. As duas divisas na manga do meu uniforme do exército americano eram um tesouro.

Quando fui dispensado e voltei para Los Angeles, decidi continuar meus estudos. A lei *G. I. Bill*, que concedia diversos benefícios aos veteranos de guerra, incluindo o pagamento de cursos, me possibilitou isso. Fui falar com um orientador no Los Angeles

City College, que pediu meu diploma do ensino médio. Expliquei que não tinha, que meus estudos formais haviam acabado logo depois de eu completar dez anos. Como ele parecia perplexo, dei detalhes suficientes para explicar meu passado. O orientador examinou minha experiência militar e teve um estalo. Ele sugeriu que eu considerasse tornar-me professor de técnicas industriais.

— Se você mantiver média C, pode continuar estudando e ganhar o diploma — afirmou.

Eu nem podia acreditar.

— É só isso que eu preciso fazer? — perguntei.

Ele garantiu que sim.

Minha média acabou sendo bem melhor do que C. Concluí o Los Angeles City College e me transferi para a California State University, também em Los Angeles, onde terminei meu bacharelado e obtive a licenciatura. Não demorou até eu concluir meu mestrado em Educação pela Pepperdine University.

Comecei a dar aulas na Huntington Park High School em 1959. Fiquei naquela escola por trinta e nove anos. Conforme as décadas se sucediam, eu deixava minhas experiências da Segunda Guerra Mundial cada vez mais no passado. Às vezes, quando alguém notava certo sotaque e me perguntava de onde eu era, eu dizia vagamente: "Do leste." Eu não explicava que não me referia à costa leste dos Estados Unidos.

Por mais que eu tivesse seguido em frente e criado uma vida para mim mesmo, só quando conheci Lis, minha futura esposa, senti que realmente poderia superar tudo. Em janeiro de 1965, no meu sexto ano na escola, ela veio ensinar inglês para estrangeiros e imediatamente chamou minha atenção. Acho que também causei boa impressão nela. Ela queria ficar no sul da Califórnia só por um semestre, porém fiz com que mudasse de ideia. Passamos muito tempo juntos nos meses que se seguiram. Comecei a lhe contar a respeito do meu passado, histórias que não tinha contado a ninguém após ter chegado aos Estados Unidos. Ao fim do semestre, estávamos apaixonados. Nós nos casamos naquele verão. Fomos morar em Fullerton, na Califórnia, poucos anos depois. Temos uma filha e um filho, que criamos como crianças americanas normais, sem o fardo do passado da minha família. Não compartilhei com eles minhas experiências de infância e adolescência até que tivessem idade para compreender. Queria dar a nossos filhos uma herança de liberdade, não de medo. Claro que fui compartilhando meu passado com eles aos poucos, à medida que cresciam.

Meu irmão e minha irmã também se casaram e formaram famílias em Israel. David tem três filhos e uma filha e ainda mora no *kibutz* Gan Shmuel, famoso por seus pomares, pelas polpas de frutas e peixes tropicais que exportam. Pesza mudou seu nome para Aviva depois de imigrar para Israel. Ela tem três filhos, seis netos e uma bisnetinha bebê. Mora em Kiryat Haim, uma bela cidade no Mediterrâneo, a norte de Haifa.

Foi muito mais difícil para meus pais adaptar-se ao novo país do que para mim. Eles tinham sobrevivido ao inimaginável, assim como três de seus filhos, mas a guerra deixou uma ferida em seus corações que jamais seria curada. Não havia um dia em que eles não pensassem em Hershel, Tsalig e todos os parentes que tinham perdido. Fisicamente, os anos de sofrimento haviam cobrado seu preço. Uma vez, quando estávamos em Plaszów, um guarda bateu na lateral da cabeça de minha mãe com uma prancha de madeira. O golpe danificou para sempre seu tímpano. Ela disse que pelo resto da vida escutou seus dois filhos assassinados chamando-a naquele ouvido.

Meu pai continuou a fazer aulas de inglês, determinado a dominar o idioma. Passou do trabalho de zelador para o de operador de máquinas numa fábrica. Logo sua capacidade como técnico especializado ficou óbvia, e isso o ajudou a recuperar um pouco do orgulho e do respeito próprio. Ele mal falava do que tínhamos passado durante a Segunda Guerra Mundial. E continuou a ser o centro da vida de minha mãe. Quando faleceu, em 1971, foi muito bom que ela tivesse dois netos vivendo por perto para assisti-la em seu luto. Ela morreu cinco anos depois.

Schindler teve dificuldades depois da guerra. Seu estilo de negociatas não era muito apropriado para um empresário em tempos de paz. Ele teve uma série de empreendimentos fracassados e faliu mais de uma vez. No fim da vida, vivia de contribuições que recebia de organizações judaicas. Para muitos de seus compatriotas alemães, Schindler tinha sido um traidor do país, um "judeófilo". Em 1974, faleceu em circunstâncias humildes em Hildesheim, no que era então a Alemanha Ocidental.

Até sua morte, Schindler manteve contato com alguns de seus trabalhadores judeus. Nossa gratidão era muito importante para ele, que considerava a nós, *Schindlerjuden*, os judeus de Schindler, os filhos que nunca teve. Pediu para ser enterrado em Jerusalém.

— É lá que meus filhos estão — disse, certa vez.

Seus restos estão no monte Sião, e ele é o único membro do partido nazista enterrado ali. Se você visitar o túmulo, verá que está coberto de pedras e cascalho, lembranças deixadas por aqueles que o conheceram e por aqueles que não o conheceram, mas que se lembram das vidas que ele salvou e da coragem que demonstrou.

Volta e meia encontro outros *Schindlerjuden* nos Estados Unidos. Restabeleci contato com Mike Tanner, que trabalhava numa máquina perto da minha na fábrica de Schindler em Cracóvia. Leopold Page, bem mais velho do que eu, era dedicado a Schindler e adotou como objetivo de vida mostrar ao mundo quem ele era e o que tinha feito. Conheci o sr. Page quando veio falar com meus pais a respeito de seu projeto para ajudar Schindler. Ele e sua esposa, Mila, estavam no aeroporto no dia em que Schindler veio a Los Angeles, em 1965.

Foi puro acaso o escritor Thomas Keneally ter entrado na loja de malas que os Page possuíam em Beverly Hills e ficado fascinado com a história que o sr. Page lhe contou. Page celebrou a publicação do livro de Keneally, *A lista de Schindler*, em 1982 e prestou valiosa assessoria ao filme homônimo de Steven Spielberg, lançado em 1993. Leopold Page faleceu em 2001.

Mila, esposa de Page, que também estava na "lista", está viva e é uma amiga querida. Ela é o último membro fundador ainda vivo do Clube "1939", organização de sobreviventes do Holocausto, a maioria da Polônia, e seus descendentes.

A minha própria vida mudou após o lançamento do filme *A lista de Schindler*, de Spielberg. Até o filme, eu tinha permanecido em silêncio a respeito de meu passado. Quando surgiu um interesse tão grande pela história, comecei a repensar minha relutância em falar sobre o que vivi. Pouco depois do lançamento do filme, Dennis McLellan, repórter do *Los Angeles Times*, encontrou-me por intermédio da empresa de Spielberg. Ele telefonou para nossa casa e deixou uma mensagem pedindo uma entrevista. Ignorei o telefonema por alguns dias, até que Lis me incentivou a dar-lhe a cortesia de um sim ou de um não. Àquela altura, eu já havia decidido. Diria, definitivamente, que não. Eu não estava pronto para dar uma entrevista sobre minhas experiências do Holocausto. O sr. McLellan era um repórter obstinado. Inteligente e obstinado demais a meu ver, porque ao fim da nossa conversa por telefone eu tinha concordado em recebê-lo em casa "só para bater um papinho".

Ele veio uma noite depois do trabalho. Enquanto falávamos, logo fiquei encantado com seu interesse e sua preocupação sincera. Quando ele perguntou, com toda polidez, se podia usar o gravador, não vi razão para recusar. Àquela altura, ele conquistara minha absoluta confiança. Após eu ter falado por diversas horas, perguntou se podia tirar minha foto. Consenti, esperando que ele fosse sacar uma câmera. Em vez disso, abriu a porta da frente e disse:

— Ok, pode entrar.

Um fotógrafo, que tinha chegado com o sr. McLellan horas antes, apareceu e tirou várias fotos minhas. No domingo seguinte, 23 de janeiro de 1994, minha história e minha foto apareceram na primeira página da edição do condado de Orange do *Los Angeles Times*.

Depois que o artigo foi publicado, meus alunos e companheiros de magistério formaram uma multidão em torno de mim na escola. Um rapaz que não tinha ido particularmente bem na minha matéria veio correndo até mim no campus. Tomou minha mão, apertou-a e disse:

— Sr. Leyson, fico tão contente que o senhor tenha sobrevivido.

Nunca esqueci a total sinceridade de suas palavras. Amigos, alunos e professores me perguntavam por que eu nunca comentara com eles o que acontecera durante a guerra. Eu não tinha uma boa resposta. Talvez eu não estivesse pronto para falar de minhas experiências até que todos aqueles anos se passassem, talvez as pessoas não estivessem prontas para ouvir, ou talvez as duas coisas. O interesse efusivo da comunidade me comoveu profundamente. Comecei a aceitar convites para compartilhar minha história em igrejas, sinagogas, escolas, organizações políticas, militares, cívicas e filantrópicas da região, dos Estados Unidos e do Canadá.

Em 1995, conheci a dra. Marilyn Harran, professora e diretora fundadora do Rodgers Center for Holocaust Education, um centro para a conscientização sobre o Holocausto na Chapman University, em Orange, na Califórnia. Com seu incentivo, comecei a ministrar palestras em Chapman e em outros lugares. Chapman tornou-se uma segunda casa para mim. Sempre guardarei com carinho a lembrança da cerimônia de graduação em 2011, quando a universidade me concedeu um doutorado *honoris causa* em Humanidades. Com minha esposa, meus filhos, meus netos e muitos amigos presentes, aquele foi um dos dias de maior satisfação da minha vida. O menino que um dia ouviu que não era bom o suficiente para ir à escola agora era "o dr. Leyson". Mal consigo imaginar o orgulho que meus pais teriam sentido.

Eles nunca teriam acreditado que um maravilhoso jornalista televisivo de Los Angeles, chamado Fritz Coleman, que me entrevistou numa cerimônia de acendimento das velas de Chanucá, decidiria falar comigo novamente e criar um especial de meia hora. Minha história, *A child on Schindler's list* (Uma criança na lista de Schindler), foi transmitida pela KNBC em dezembro de 2008. Fiquei emocionado quando Fritz e seu colega, Kimber Liponi, ganharam um Emmy regional por seu trabalho.

Hoje, dou palestras com frequência e sem qualquer ensaio. Nunca uso anotações, então cada palestra é diferente. Digo aquilo que me sinto inclinado a dizer. Quando falo, sigo a mesma história que você está lendo. Nunca é fácil recordar o que vivi, não importando quantos anos e quanta distância eu coloque entre mim e o menino que um dia fui. Toda vez que falo, sinto de novo a dor de ver meus pais sofrendo, o frio e a fome de todas aquelas noites em Plaszów e a perda de meus dois irmãos. Aquele momento em que Tsalig foi arrancado de nós me assombra todos os dias.

Quando fiquei mais velho e tive meus próprios filhos, minha admiração por meus pais e por tudo o que eles fizeram para tentar nos proteger cresceu ainda mais, assim como meu apreço por Oskar Schindler. Ao longo dos anos, a partir de livros e de documentários, e sobretudo de meus companheiros sobreviventes da "lista" de Schindler, descobri muito mais a respeito do que Schindler fez e do quanto ele se arriscou para proteger nossas vidas. Seu contador, Itzhak Stern, achava que Schindler decidiu salvar judeus após testemunhar os massacres durante a liquidação do gueto de Cracóvia. Ele já se condoía com as agruras de seus trabalhadores judeus, mas, dali em diante, aumentou seus esforços para salvar o máximo de judeus que pudesse. Com o dinheiro de seus negócios no mercado negro, comprou um terreno ao lado da fábrica da Emalia, construiu os barracões e convenceu o comandante Goeth, com fala mansa e quantias consideráveis de dinheiro, de que ter seus trabalhadores por perto aumentaria a produtividade. Seu verdadeiro objetivo era resgatar os trabalhadores de Plaszów e do sádico Goeth. Schindler corajosamente assumiu riscos, apesar das possíveis graves consequências. Por diversas vezes, atraiu atenção por sua corrupção e por tratar os judeus de modo pouco ortodoxo. Durante aqueles anos de desumanidade sem precedentes, Schindler enxergou valor nas mesmas pessoas que os nazistas rotulavam de menos que humanas e buscavam erradicar. Na maior parte do tempo, cortejou as autoridades do momento, assim como aqueles que com certeza eram seus inimigos, dando-lhes generosas propinas e presentes, tentadores demais para que a maioria dos nazistas de alta patente, dos comandantes dos campos, dos oficiais da SS e dos policiais locais recusasse. Sem contar que ele, sem dúvida, sabia dar uma festa.

Em 1943, Oskar Schindler foi preso por um breve período por conta de suas atividades clandestinas. No mesmo ano, os nazistas ameaçaram fechar sua fábrica caso ele não substituísse a produção de artigos esmaltados pela de armamentos. Schindler foi forçado a consentir, mas, ironicamente, foi essa mudança que salvou nossa vida pouco antes de a guerra acabar, quando o empresário argumentou que seus operários "especializados" tinham de ser transferidos para Brünnlitz. Dizer que seus fabricantes de artigos esmaltados eram "insubstituíveis" não teria significado nada para aqueles que tomavam as decisões, o que não era o mesmo que dizer que éramos essenciais para a produção de armamentos alemães.

Quando outros donos de fábrica alemães pegaram seus lucros e fugiram de Cracóvia para salvar suas vidas e fortunas, Schindler intensificou esforços para salvar seus judeus. Se ele não tivesse feito isso, a maioria de nós teria morrido em Auschwitz ou em outros campos. Ainda que estivéssemos perto de morrer de fome ao fim de nosso tempo em Brünnlitz, conseguimos sobreviver porque Schindler decidiu gastar sua fortuna comprando comida para nós.

Ele fez tudo o que estava ao seu alcance para nos proteger. Graças a ele, no fim das contas, eu não morri com a última bala da guerra.

Sendo uma criança judia naquela época, todos os dias eu lutava para viver. Não havia escolha. Sendo um nazista influente, Schindler teve escolha. Inúmeras vezes ele poderia ter nos abandonado, pegado sua fortuna e fugido. Poderia ter chegado à conclusão de que sua vida dependia de nos fazer trabalhar até morrer — no entanto, ele não fez isso. Pelo contrário, colocou sua vida em perigo toda vez que nos protegeu pela única razão de que aquela era a coisa certa a fazer. Não sou filósofo, mas acredito que Oskar Schindler define o que é o heroísmo. Ele prova que uma pessoa pode enfrentar o mal e fazer a diferença. Sou prova viva disso.

Recordo-me de uma entrevista de TV que vi uma vez com Joseph Campbell, acadêmico e escritor. Nunca esqueci sua definição de herói. Campbell disse que um herói é um ser humano comum que "faz a melhor coisa no pior momento". Oskar Schindler personifica essa definição.

Por anos depois da guerra, procurei meu irmão Tsalig nas multidões. Eu via um rapaz que se parecia com ele e, por uma fração de segundo, sentia vir a esperança. *Ele voltou*, pensava. *Ele fugiu*. Se alguém era capaz disso, então meu irmão super-herói também era. Sempre era uma amarga decepção. Tsalig não tinha escapado. Ele não reapareceu como num passe de mágica, nem no gueto, nem em lugar algum. Anos depois descobri que ninguém sobreviveu ao comboio que levou Tsalig e Miriam para Belzec.

Minha esposa, Lis, e eu ainda vivemos em Fullerton, na Califórnia, onde nos estabelecemos em nosso sexto aniversário de casamento, em 1971. Nossa filha, Constance (Stacy) Miriam, e seu marido, David, moram na Virgínia e têm três filhos: Nicholas, Tyler e Brian. Tyler tem como nome do meio Jacob, para honrar a memória de meus avós. Nosso filho, Daniel, e sua esposa, Camille, moram em Los Angeles e têm uma filha, Mia, e dois gêmeos, Benjamin e Silas. O nome do meio de Daniel é Tsalig. Benjamin, filho dele, também herdou o nome. Tanto o nome quanto o espírito de Tsalig persistem neles. Tenho certeza.

Leon Leyson
15 de setembro de 2012

lfd. Nr.	H.Art H.Nat.	H.Nr.	Name und Vorname	Geburts-datum	Beruf
241.	Ju.Po.	69077	Allerhand Salo	15. 6.28	Tischlergeh
242.	"	8	Beckmann Samuel	12. 7.21	Kutscher
243.	"	69080	Hilfstein Edward	17. 9.24	Wasserinst.
244.	"	1	Altmann Dawid	9. 5.17	Wasserinst.
245.	"	2	Danziger Eduard	16. 2.09	Konstrukti
246.	"	3	Beer Alter	11.11.11	ang.Metall
247.	"	4	Bau Josef	18. 6.20	Zeichner/Gr
248.	"	5	Bottner Mojzesz	2. 5.18	Tischlerge
249.	"	6	Preissmann Leib	1. 7.05	Schneiderge
250.	"	7	Glückmann Siegfried	30.12.06	Maschinenb
251.	"	9	Balsam Salomon	4. 4.03	Maurer
252.	"	69090	Binder Alter	21. 3.06	Lackierer
253.	"	1	Baum Julius	17.10.07	Malerges.
254.	"	2	Bratkiewicz Natan	8. 7.11	Schuhmacher
255.	"	3	Ausübel Dawid	31. 3.09	Stanzer
256.	Ju.Dt.	4	Beck Friedrich	25. 6.86	Zahnarzt
257.	Ju.Po.	5	Buchsbaum Jakob	3. 4.21	ang.Metall
258.	"	6	Reder Fischel	15. 6.14	Tischlerge
259.	"	7	Brauner Jerzy	23. 7.26	ang.Metall
260.	"	8	Gruhner Chaim	4. 5.97	Klempnerge
261.	"	9	Blecheisen Mendel	1. 6.06	ang.Metall
262.	"	69100	Berger Chaim	1. 5.10	Schmiedege
263.	"	1	Dreiblatt Majer	21. 5.09	Maschinent
264.	"	2	Abzug Emanuel	10. 6.04	Schreibkra
265.	"	3	Brenn Rafael	9. 6.25	ang.Metall
266.	"	4	Berlinerblau Lewi	25.12.99	Schreibkra
267.	"	5	Oestreicher Jakob	7. 5.17	Schlosserg
268.	"	6	Baum Naftali	11. 9.13	Tischler
269.	"	7	Adler Alexander	25. 5.23	ang.Metall
270.	"	8	Bialywlos Alexander	4. 6.25	Glaser
271.	"	9	Abusch Josef	28.10.12	Maler-Lack
272.	"	69110	Baldinger Isak	11.11.22	Schlosserg
273.	"	1	Herz Dawid	24. 6.25	Wasserinst
274.	"	2	Surowicz Meilech	22. 8.21	ang.Metall
275.	"	3	Blaufeder Jakob	12. 8.09	ang.Metall
276.	"	4	Blatt Henryk	31. 5.20	Kutscher
277.	"	5	Dringer Dawid	18.10.21	ang.Autome
278.	"	6	Kornblau Jakob	29. 3.08	ang.Metall
279.	"	7	Goldberg Efroim	3. 4.17	ang.Metall
280.	"	8	Grauer Wilhelm	3.12.14	Werkzeugma
281.	"	9	Gross Oskar	23. 4.14	Maschinenb
282.	"	69120	Makuratz Roman	6. 8.17	Schlosserg
283.	"	2	Koscher Sanja	6. 2.18	Schneiderg
284.	"	3	Haber Ignacy	11. 5.15	ang.Metall
285.	"	4	Bertheimer Wigdor	10. 9.18	Maler-Lack
286.	"	5	Landesdorfer Isak	7. 4.23	ang.Metall
287.	"	6	Friedmann Leon	2. 4.09	Elektriker
288.	"	7	Lejzon Dawid	1. 8.27	Eisendrehe
289.	"	8	Lejzon Leib	15. 9.29	Eisendrehe
290.	"	9	Lejzon Moses	19.12.98	Eisendrehe
291.	"	69130	Glicenstein Abram	16. 4.16	Schlosserg
292.	"	1	Hecht Zygmunt	24.10.26	Tischlerge
293.	"	2	Linkowski Maurycy	23. 6.05	ang.Metall
294.	"	3	König Jakob	14. 9.16	ang.Metall
295.	"	4	Goldstein Bernard	5. 1.03	ang.Metall
296.	"	5	Galler Motio	18.12.08	Schlosserg
297.	"	6	Dresner Jonas	4. 9.23	Autoschlos
298.	"	7	Feigenbaum Ludwig	29.11.24	Autoschlos
299.	"	69140	Malawer Chaim	28.12.05	ang.Metall
300.	"	69141	Dresner Juda	26. 5.93	Stanzer

A família Leyson por volta de 1930 (*a partir da esquerda, em sentido horário*): Tsalig, Hershel, Chanah, David e Pesza.

Página anterior: o nome de Leon (listado como Leib Lejzon) na lista de Schindler.

Rua Lwowska, número 19. O apartamento da família Leyson no gueto de Cracóvia ficava no segundo andar.

O galpão atrás do apartamento no gueto onde Leon se escondeu com a mãe e os amigos.

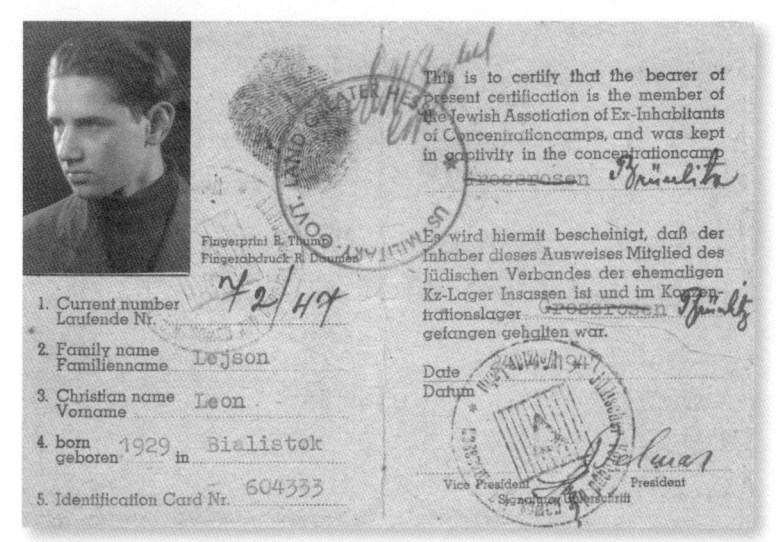

Carteira de identidade de Leon de 1947 no campo de pessoas deslocadas.

Da esquerda para a direita: Leon, Chanah e Moshe em 1948.

Leon (*o segundo a partir da esquerda*) no exército americano, na Geórgia, em 1951.

Leon em sua formatura na California State University, em Los Angeles, em 1958.

Leon (*o segundo a partir da direita*) de chapéu e Moshe (*o terceiro a partir da direita*) com amigos não identificados, na Alemanha, por volta de 1948.

Casamento de Lis e Leon, em julho de 1965.

Oskar Schindler em Israel na década de 1960.

Da esquerda para a direita: Mila Page, Oskar Schindler, Lis, Leon, David e uma senhora não identificada no Aeroporto Internacional de Los Angeles, no outono de 1965.

Leon, Daniel e Lis, em 1990.

Stacy e Leon, em 1985.

Stacy e Leon no "Dia de Levar o Filho à Escola" na Huntington Park High School, em 1972.

Daniel e Leon, em 1987.

Leon na casa de máquinas da Huntington Park High School, em 1963.

Da esquerda para a direita:
Lis, Leon e Pesza, em 1985.

Leon em 1995 segurando sua identidade do campo de desabrigados.

Leon e Silas, em 2012.

Em sentido horário:
Leon, Nick, Tyler e Brian, em 1999.

Leon e Mia, em 2010.

Leon e Ben, em 2011.

Leon e Marilyn J. Harran, em 2010.

Leon recebendo seu doutorado *honoris causa* em Humanidades na Chapman University, em 2011.

Leon e David, em janeiro de 2011, no *kibutz* Gan Shmuel, em Israel.

Posfácio

Leon Leyson faleceu em 12 de janeiro de 2013. Por mais de três anos, sofreu de linfoma de células T. Ele permaneceu forte durante tal provação. Nunca deixou de ser gentil nem perdeu o senso de humor. Ele sabia que Peter Steinberg tinha concordado em trabalhar em seu manuscrito, mas não viveu para saber que seu livro seria publicado. A força que continuava movendo Leon a contar sua história ano após ano, apesar de revivê-la com uma tristeza de partir o coração sempre que falava, era honrar a memória de sua família e das milhões de outras vítimas do Holocausto. Sei que ele está em paz sabendo que, neste livro, a história de seus entes queridos, de seu herói Oskar Schindler e das épocas de mal inominável e de coragem desconcertante viverá por gerações.

Parece-me que, para aqueles que nunca conheceram Leon pessoalmente, a melhor maneira de retratar o homem cuja história acaba de ser lida é compartilhando os depoimentos dados por sua filha, Stacy Miriam, e seu filho, Daniel Tsalig, na homenagem preparada pela dra. Marilyn Harran na Chapman University, em 17 de fevereiro de 2013.

Os depoimentos que se seguem foram ligeiramente resumidos.

— Elisabeth B. Leyson

De Stacy:

Muita gente — amigos e estranhos — teve a gentileza de compartilhar comigo suas maravilhosas lembranças de meu pai — lembranças de Leon como amigo, tio, primo, vizinho, colega e professor. Ao ouvi-las e repassar minhas próprias lembranças, notei que havia nelas um tema comum e percebi que, se eu tivesse de escolher um adjetivo para descrever meu pai, seria "generoso".

Obviamente, ele foi generoso com sua história, compartilhando-a com grupos no país inteiro. Ele se preocupava com o tamanho do grupo? Não. Com as crenças religiosas do grupo? Não. Fazia algum grupo se sentir menos importante do que outro? Não. Alguma vez pediu ou aceitou dinheiro? Não!

E ele sempre tinha tempo para responder perguntas e ouvir comentários depois. Ele ultrapassava o limite de tempo diversas vezes, entretanto pouca gente parecia perceber.

Ele era generoso com seu aniversário. Por causa de tradições culturais e de sua infância um tanto traumática, ele não tinha certeza do dia exato em que havia nascido. Tinha uma ideia vaga e escolheu 15 de setembro. O fato de que seu segundo neto nasceu no mesmo dia em 1994 confirmou para ele que havia escolhido a data certa. Meu pai sempre se esforçou para estar com Tyler Jacob no aniversário que dividiam, tendo muitas vezes atravessado o país de avião para isso.

Ele era generoso com seu entusiasmo. Sentia prazer com todas as realizações de seus filhos, netos, genros e noras, não importando quão insignificantes ou banais elas parecessem. Sempre que falávamos ao telefone, uma pergunta que ele nunca deixava de fazer era: "Como vai meu companheiro de bagel?" Ele e Brian, seu terceiro neto, tinham em comum a paixão por esse tipo de pão.

Ele adorava ficar sabendo que um neto tinha aprendido a se sentar ou que ganhara um novo dente. Adorava ver meus filhos tocarem música, mesmo quando estavam só aprendendo os instrumentos e, para o resto de nós, não eram tão bons assim. Ele conseguia fazer você se sentir bem a respeito de coisas tão simples quanto fazer palavras cruzadas ou ensinar o filho a amarrar os sapatos. Era ele o responsável permanente por lavar os pratos em casa e também quando vinha visitar minha família. Uma das minhas fotos favoritas mostra-o com as mãos na pia cheia de pratos, sorrindo como se lavá-los fosse a coisa mais divertida do mundo.

Ele era generoso com o que sabia. Nunca estava ocupado demais para responder uma questão e explicá-la até que tivesse sido entendida — e fez isso até dezembro último. Meu pai tinha uma bela coleção com os mais incomuns instrumentos de medição. Nick, meu filho mais velho, tinha muita curiosidade em relação a um deles. Na época, meu pai passava a maior parte do tempo dormindo ou em seu quarto, tentando achar algum alívio para a dor quase constante e insuportável. Normalmente, algumas vezes por dia, ele sentia que tinha forças para receber visitas por algum tempo. Uma noite, todos nós ficamos em volta de sua cama para aproveitar um desses momentos, e Nick perguntou sobre o misterioso instrumento. Com óbvio prazer, meu pai começou a explicar, de um jeito que permitia a todos nós entender seu mecanismo e sua utilidade. Aquilo parecia tirá-lo de sua realidade por alguns instantes. Ele nos ensinou a montá-lo. Deu exemplos de quando e como usá-lo. Respondeu às nossas perguntas. Nick costuma dizer: "Ele sempre tinha tempo para responder às minhas perguntas e parecia saber algo a respeito de todas as coisas." Agora, se você algum dia precisar saber como funciona um relógio comparador, já sabe a quem perguntar.

Meu pai era generoso com seu tempo. Ele me ensinou a ver as horas e ficou muito orgulhoso quando, uma vez, perguntei que horas eram e depois disse: "Deixa, eu posso ver sozinha."

Foi no terceiro ano do ensino fundamental que aprendemos a multiplicar usando a tabuada. Ele e eu passávamos muito tempo juntos na mesa da cozinha, estudando sem parar. Tive uma espécie de bloqueio mental com sete vezes oito e fiquei repassando aquilo diversas vezes, até que tive o estalo. Revivi aquela experiência toda vez que meus filhos aprenderam a tabuada, e nenhum de nós esquece que a resposta é cinquenta e seis.

Ele também demorava bastante tempo para tomar café e criou o hábito de "dar uma caminhadinha" até o Starbucks mais próximo. Meu marido também tem esse amor quase excêntrico pelo Starbucks e, sempre que estavam na mesma cidade, eles iam juntos, dividindo café e momentos de amizade.

Ele era especialmente generoso com seu riso. Adorava uma boa piada — e até uma piada ruim. Parecia ter uma pronta para qualquer ocasião. Por exemplo, se uma torrada com manteiga (ou algo assim) caísse com o lado amanteigado para baixo, ele adorava dizer: "Devo ter passado manteiga do lado errado." Ele tinha um belo sorriso, uma risada fácil e generosa.

Uma vez ele disse: "A verdade é que não vivi minha vida à sombra do Holocausto." As experiências de meu pai durante sua juventude na Europa foram extraordinárias, contudo não fizeram dele a pessoa que foi. Não que as experiências não tenham tido um grande impacto; é claro que tiveram. Mas os acontecimentos nada invejáveis de sua juventude não o definiram: ele definiu os acontecimentos. Aquelas experiências de infância apenas afastaram o luxo juvenil do egoísmo para revelar o caráter do homem que ele sempre esteve destinado a ser.

— Stacy Leyson Wilfong

De Daniel:
Na época em que meu pai faleceu, fiquei muito possessivo em relação a ele. Quando os rabinos o enalte-

ceram no funeral, pensei, meio de brincadeira, meio sério, *Espera aí — ele é meu.* Ele foi mais do que uma testemunha da história judaica. Foi o meu pai. Ele me levava para pescar, aos programas de pais e filhos promovidos pela Associação Cristã de Moços e aos treinos de futebol, de beisebol e de basquete. Ele foi a todos os meus jogos de polo aquático. Era um cara feliz, e tivemos uma vida feliz. Rimos muito.

Então, aqui vão algumas coisas em relação ao meu pai para ajudar vocês a conhecê-lo:

Ele tinha um ótimo ouvido para música e para idiomas. Aprendia idiomas com facilidade e falava-os com sotaque perfeito, como o inglês (e iídiche, polonês, hebraico, alemão, russo o suficiente para que alguns soldados soviéticos durante a ocupação soviética de Cracóvia o tenham prendido como desertor russo, húngaro o bastante para que conhecidos húngaros no campo de desabrigados achassem que ele era húngaro, um pouco de tcheco, de japonês e de espanhol).

Ele tolerou a maioria das minhas fases musicais. Gostava de grande parte das bandas de que eu gostava, e falávamos sobre o significado das letras das músicas. Sempre estávamos de acordo em nossa preferência por canções em tom menor. Acho que os tons menores lhe recordavam seu velho país.

Ele era faixa-preta em judô, jogava tênis muito bem e era ótimo no boliche. Seu gancho esquerdo era perigoso.

Ele me falou que o primeiro gole de cerveja era o melhor. "Se pudessem engarrafar só esse primeiro gole", disse. Depois, pensei: *Mas engarrafam o primeiro gole, não engarrafam?*

Ele me contou que não sabia nada de nada até fazer cinquenta anos. Para mim, ele parecia saber como tudo funcionava e era capaz de consertar qualquer coisa. E também tinha o conselho certo para todas as situações. Ele me ensinou quase tudo o que sei sobre tudo o que vale a pena, como abordar tarefas aparentemente insuperáveis. "Simplesmente abaixe a cabeça e comece a trabalhar", disse-me. Agora que ele se foi, eu queria ter ouvido mais, porque ele tinha muitos conhecimentos, de todo tipo, que vinham das suas singulares experiências de vida.

Ele gostava de café. Preto. Gostava muito.

O conselho que ele mais gostava de me dar era: "Não seja burro." Um bom conselho. Fiz muitas burrices na vida. Ainda faço.

Por exemplo, alguns meses atrás, meu pai apareceu quando eu estava fazendo consertos na casa. A porta do closet da minha filha estava raspando no carpete, então decidi aparar a parte de baixo dela com a serra elétrica que ele tinha acabado de me dar. Eu estava me sentindo todo satisfeito comigo mesmo quando levei a porta para a garagem. "Faça uma marquinha nela", disse ele. Pensei: *Eu sei qual lado da porta é o de cima. Não preciso de marquinha.* É claro que cortei o lado errado da porta, por isso agora ela está com um imenso vão na parte de cima. E o corte nem está reto. Ele me perturbou com aquilo até o fim. Mas seu último comentário a respeito disso antes de morrer foi, discretamente: "Tudo bem. Sabe quantas vez eu fiz isso?"

Imagino que seja normal para os jovens querer ser diferente dos pais. Houve um tempo em que eu era assim. Mas não sou mais jovem e, olhando-o em seu leito no hospital, eu só ficava pensando comigo: *Quero ser como ele o máximo que puder.* Ele era um cara tão especial, não pode simplesmente desaparecer. O melhor que posso esperar a essa altura é viver uma vida que o deixaria orgulhoso. Vou tentar fazer isso.

— Daniel Leyson

Agradecimentos

Nenhuma vez, nem em 1994, quando falou para uma plateia pela primeira vez, nem em suas numerosas palestras dadas nos dezoito anos que se seguiram — às vezes, chegando à média de uma por semana —, Leon usou anotações. Ele se baseava nas sessões de perguntas que vinham depois das apresentações, nas conversas informais com as muitas pessoas que ficavam para lhe dar um abraço ou para tirar fotos com ele, nos vídeos feitos em diversos lugares e nas centenas de cartas que recebia de estudantes para ajudá-lo a revisar e a clarear a essência de sua história. Ele queria garantir que a mesma pergunta não seria repetida em outra palestra. Ao longo dos anos, surgiu um núcleo definido de conteúdo que se tornou a base deste livro. Mas havia pouca coisa no papel.

Leon deu palestras nos Estados Unidos e no Canadá. Em todas as ocasiões, houve um imenso interesse em suas experiências. Ficamos gratos a todos vocês que compareceram às palestras. Sua sensibilidade e sua bondade deram a Leon a coragem e a força para continuar contando sua história, mesmo enquanto sua saúde se deteriorava.

A comunidade de Fullerton, onde Leon viveu por mais de quarenta anos, deu um apoio especial; a resposta positiva de vocês confirmou para ele o valor de sua história. Sharon Quirk-Silva, deputada estadual da Califórnia e ex-prefeita de Fullerton, reconheceu as contribuições de Leon para a comunidade e para as escolas da região e fez uma homenagem póstuma na Assembleia Estadual no Dia de Memória do Holocausto em Sacramento, em 8 de abril de 2013.

Os muitos amigos de Leon deram-lhe uma ajuda imensurável quando ele começou a lidar com as dolorosas lembranças de sua juventude. Tantos de vocês compareceram a numerosas apresentações e convidaram-no a falar em suas organizações comunitárias ou locais de culto. Sua empatia incentivava Leon a continuar, ainda que, toda vez que contava sua história, revivesse a angústia daqueles anos de perigo e aflição.

Diversos educadores no sul da Califórnia convidaram Leon para falar em sua escola ou universidade todos os anos por quase quinze anos. Essas oportunidades tiveram um papel essencial no desenvolvimento deste livro. É preciso agradecer especialmente a Irene Strauss, da Parks Junior High School; a Bob Jensen, Doreen Villasenor e Vince White, do Fullerton College; ao dr. Sy Scheinberg da California State University of Fullerton; e ao dr. James Brown, da Chapman University. Sua confiança em Leon fortaleceu a dele. Após cada apresentação, o comentário mais recorrente era que Leon deveria escrever um livro. Ele respondia: "Estou trabalhando nisso". Todavia, não houve grande progresso até que Emily Scott, que cursava a especialização em história do Holocausto na Chapman University, entrevistou Leon e reuniu anotações para seu projeto de conclusão de curso. O compromisso e o entusiasmo de Emily comoveram Leon profundamente.

Após uma apresentação no clube Great Vest Side, em Chicago, Louis Weber, editor de *The Holocaust Chronicle* e presidente da Publications International, insistiu em que Leon escrevesse sobre sua experiência no Holocausto. O sr. Weber ofereceu os nomes e currículos de diversos escritores profissionais que poderiam ajudar Leon a organizar o conteúdo. Leon contratou Sophie Sartain, com quem trabalhou por mais de um ano. Sophie gravou conversas com Leon e produziu um registro impressionante de sua história. Suas perguntas precisas permitiram que Leon acrescentasse detalhes importantes a assuntos que ele só podia mencionar em suas apresentações de noventa minutos.

Também é preciso agradecer à administração da Chapman University, sobretudo ao presidente, James L. Doti, e ao reitor, Daniele Struppa, por terem defendido o estudo do Holocausto como um componente vital do currículo da universidade. Jessica MyLymuk, Ashley Bloomfield e Joyce Greenspan, do Rodgers Center for Holocaust Education, na Chapman University, e o pesquisador associado Jeff Koerber deram um apoio crucial ao projeto. Obrigado aos muitos colegas, amigos e membros do Conselho de Visitantes do Rodgers Center por seu incentivo inesgotável.

Também somos gratos a David M. Crowe, autor da biografia *Oskar Schindler: The Untold Account of His Life, Wartime Activities, and the True Story Behind "The List"* (Oskar Schindler: o relato inédito de sua vida, suas atividades na guerra e a verdadeira história por trás da "lista"), que generosamente compartilhou seu conhecimento com a dra. Marilyn Harran, do Rodgers Center. Queremos agradecer também à dra. Jan Osborn e a Tom Zoellner, do departamento de Letras da Chapman University. A dra. Osborn ofereceu recomendações perspicazes para uma das primeiras versões do manuscrito. Tom, escritor bem-sucedido, deu orientações especializadas e guiou Marylin na preparação da proposta formal.

No período em que a saúde de Leon foi ficando cada vez mais frágil, Tom mandou a proposta ao agente Peter Steinberg. Este último reconheceu de imediato o valor da história e contatou Caitlyn Dlouhy, vice-presidente e diretora editorial da Atheneum Books na editora Simon & Schuster, e, nas palavras de Peter, "a melhor editora de livros para jovens no país". Obrigado, Peter, por seu entusiasmo e por seu conhecimento.

Dois dias após receber o manuscrito, a Atheneum fez uma oferta para publicar o livro, dando-nos a oportunidade inestimável de trabalhar com Caitlyn. Peter tinha razão. Ela é mesmo a melhor do ramo. A minúcia de Caitlyn, sua diplomacia, perspicácia e paciência guiaram-nos no processo de revisão. Não seria possível querer uma guia mais dedicada. Obrigado, Caitlyn. Sua crença no valor da história de Leon é (quase) tão forte quanto a nossa.

Gostaríamos de agradecer a Dan Potash, que fez a capa norte-americana e o projeto gráfico do livro. A arte complementa o contexto com a combinação certa de realidade e sugestão. Obrigado também a Jeannie Ng. Ela foi excelente como editora executiva, trabalho que demanda grande atenção aos detalhes e um trato suave com o autor.

Os familiares de Leon espalhados por Califórnia, Virgínia, Oregon, Novo México e Israel foram valiosos recursos em termos de informações e de precisão. Vocês estenderam a mão para Leon quando ele lutava contra a tristeza de sua infância e juventude e fizeram tudo o que era possível para garantir que a vida "real" de Leon fosse repleta de amor e de felicidade. Obrigado por demonstrarem seu afeto por Leon de tantas maneiras. Agradecimentos especiais a Beaty Kaufman e a Anne Ambers, e a Camille Hahn Leyson por sua ajuda em muitas versões.

Eu, Lis, agradeço a Su Grossman, minha irmã. Su proporcionou conforto, orientação, entusiasmo e amparo a mim e a Leon nos anos em que trabalhamos neste livro. Sua generosidade não tem limites.

Uma palavra para nossos filhos, Stacy e Dan, e seus respectivos esposos, Dave e Camille, e aos nossos netos Nick, Tyler, Brian, Mia, Benjamin e Silas: vocês, só por serem vocês mesmos, foram a luz mais importante, mais presente, que sempre guiou Leon. O espírito dele vive em cada um de vocês.

— Marilyn J. Harran e Elisabeth B. Leyson

Fontes

Para saber mais sobre o Holocausto, visite os seguintes websites:

Rodgers Center for Holocaust Education, Chapman University
chapman.edu/holocausteducation

The United States Holocaust Memorial Museum
ushmm.org

USC Shoah Foundation – The Institute for Visual History and Education
sfi.usc.edu

Clube "1939"
1939club.com

Yad Vashem
yadvashem.org

Conib – Confederação Israelita do Brasil
conib.org.br